袴田事件

神になるしかなかった男の58年

青柳雄介

文春新書

1453

袴田事件　神になるしかなかった男の58年◎目次

撮影◎青柳雄介

――神が存在しないのなら、私が神である――

ドストエフスキー『悪霊』より

プロローグ　「神」になるしかなかった理由

事件から50年を経て、浜松の街を〝見回る〟

拘留生活という大きな犠牲の上で、私は何を得ようとしているか。私は今、人間としてすべての欲望を抑え、そして代わりにそれとは比べものにならない程の大きな満足感を得ようとしているのだ。(中略)

さて、私も冤罪ながら死刑囚。全身にしみわたって来る悲しみにたえつつ、生きなければならない。そして死刑執行という未知のものに対するはてしない恐怖が、私の心をたとえようもなく冷たくする時がある。そして全身が冬の木枯におそわれたように、身をふるわせるのである。自分の五感さえ信じられないほどの恐ろしい瞬間があるのだ。しかし、私は勝つのだ。私は、今日、自分の生活に対する決意と行為が、一つなりとも卵を持って石に投げつけるに等しい無謀なものだとは思わない。

(一九七三年一月二六日、袴田巖から兄・茂治あて書簡より)

事件から五〇年目の散歩

半世紀のうちに、世相は変わった。

二〇一六年六月三〇日、午前九時すぎ。静岡県浜松市の繁華街を、老齢の男性がゆっくりと歩みを進めていく。このとき八〇歳になっていた袴田巖《はかまたいわお》である。梅雨の合い間の強い日差しが、グレーのハットとシャツに降り注ぐ。気温は連日上昇を続け、この日の昼前には三〇度を超えた。額には玉のような汗が浮かんでいるが、袴田は構わず歩き続ける。

やや前傾姿勢を保ち、表情をほとんど変えない。首を下に傾け、まるで自分の足がしっかりと前へと進んでいるか確かめようと、靴の先を見つめているような姿勢だ。パン屋やドラッグストア、うなぎ屋やラーメン屋、喫茶店、居酒屋、パチンコ屋やゲームセンターなどの軒先をかすめながら、時おり前方や横に視線を向けるが、ほぼ下を向いたまま、初夏の強い日差しを受けながら五時間以上歩き続けた。途中で何度か立ち止まっては、人差し指と親指で作った輪やVサインを独特なポーズで虚空に向けて差し出す。「宇宙の彼方にいる神と交信する儀式」なのだという。袴田にとって神聖な儀式であることは表情や姿勢から間違いない。この時期、毎日のようにこうして浜松の街を歩いていた。

梅雨の時期になってもそれは変わらない。大粒の汗を流し八時間ほど歩くこともあった。

当時の私の取材ノートには、

「きょう街を歩いた」

「きょうも歩いた」

「また一日中街を歩いた」

という内容ばかりが続く。雨が降っても長時間歩いた。

浜松の街ではすでに袴田のことを知る人が多い。何人かが袴田に気づき、「よかったね」「応援してるよ、袴田さん」などと声をかける。その多くは袴田が無罪放免になって街を散歩していると思っている。だが、片手を上げて応えるその男が今もなお「確定死刑囚」の立場のままであり、また彼にとってこの日が特別な日であることを知る人は少ない。あたり前の日常の中にある普通の現実と、虚構の世界に閉じ込められたままの日常が静かに交錯する。確定死刑囚が人混みをすり抜けていく。


ちょうど五〇年前のこの日、一九六六年六月三〇日。

東京ではザ・ビートルズの初来日公演が行われた。日本武道館に熱狂的な拍手と歓声がこだましたこの日の未明、遠く離れた静岡県清水市（現在の静岡市清水区）にあった味噌製造会社の専務宅が放火され、焼け跡から一家四人の惨殺遺体が発見された。四人の遺体には合計四〇カ所以上の刺し傷が残されていた。強盗殺人と放火などの容疑で逮捕されたのは当時三〇歳の同社従業員、元プロボクサーの袴田巖だった。だが、袴田に結びつく直接証拠は何もなく、取調べから公判までほぼ一貫して容疑を否認したものの、一審で極刑が言い渡され、控訴と上告も棄却。逮捕から一四年後の一九八〇年に死刑が確定した。

「私は袴田巖ではなく神」

このあとしばらくすると袴田はみずからを、「私は全知全能の神、唯一絶対の神だ」「袴田巖はもういない。私は全世界全権力者です」などと称するようになった。袴田の無実を確信し、その救出に生涯を捧げてきた姉・袴田ひで子が当時を振り返る。

「毎月一回必ず、東京拘置所へ面会に行っていました。巖は自分がいかに無実であるかをまくし立て、私はいつも相槌を打つばかりでした。毎回、逆にこちらが励まされるような感じだったことをよく覚えています。でも、死刑が確定して少し経ったときの面会で、怯えたような顔をして面会室に飛び込んで来て、震えるような声で『昨日、処刑があった。隣の房の人が、みなさんお元気でと挨拶し刑場へ消えてしまった。みんながっかりしている……』と訴えるように一気に言い、あとは声になりませんでした。相当なショックを受けていることがありありと感じられ、かける言葉すら見つかりませんでした」

その後、拘置所の袴田からひで子に頻繁に送られてきていた手紙が途絶えるようになる。

「私は袴田巖ではなく神。姉なんかいない。帰ってもらってくれ」

こう言い放って、姉の面会を拒むようになったのもそのころだ。それでもひで子は毎月必ず、東京拘置所に面会に赴くことをやめなかった。

「面会を拒否されようが、巖の無実を信じて応援している人間はいる、ということをわかってもらうために通いました。会うことができなくてもいい。面会に毎月通ってきている人間がいるということは伝わると思っていましたから。拒否されて会えない辛い時期が長く続きましたが」

捏造された証拠で受けた死刑判決がついに確定し、絶望のあまり袴田の精神は蝕まれていったのだろうか。確定死刑囚となったからには近い将来、みずからの生命が国家権力によって断ち切られてしまう。刑が確定すると通常、数年の拘置所生活を経て処刑されるが、短い場合だと一、二年で執行される死刑囚もいる。袴田の場合、結果的に逮捕から四八年、死刑確定から三四年ものあいだ刑が執行されることはなく、拘置所に留め置かれた。その間毎朝、「お迎えが来るのではないか」という恐怖のなかで神経をすり減らしてきたのだ。

一般的に刑務所などに長期間拘留されると、拘禁反応（拘禁症）といわれるノイローゼになることが多い。東京拘置所の医務官として勤務した経験があり、多くの死刑囚と接してきた精神科医で作家の加賀乙彦は、著書『死刑囚の記録』（中公新書）でこう指摘する。

〈不断に死とむかいあっている死刑囚は、死について考えないようにすることも、気ばらしに身を投じることもできない。そこで死刑囚は、ノイローゼになることによって死を忘れるのである〉

袴田は神を信じていた。誤認逮捕され酷い捜査で起訴までされたが、神がいる限り自分の無実は裁判で必ず明らかになる。疑うことなくそう思っていた。しかし「絶望裁判」によって死刑が確定してしまった。身近にいる死刑囚が次々と処刑され、この世から排除されていく。強引な死が我が身に迫ってくる恐怖と諦念。神は存在しなかった。現実はなんと無慈悲で冷酷なのか。そうであるならば自分が神になり、近い将来やってくる死に打ち克とう。死を超える生を獲得しよう。自分を保ち、死に抗う方法はこれしかなかった。袴田には神に、強い自分にならなければならない理由があったのだ。

神になった瞬間から、人間としての記憶は曖昧になった。失くしてしまったのかもしれない。あるいはどこかに存在してはいるのだが、一六〇センチあまりの小さな体の奥深くへ意図的にしまいこんでしまい、もはやみずから取り出すことが困難になってしまったのか。ひとつだけ確かなことは、記憶を取り出す必要がこれまでまったくなかったということだ。自分は袴田巖ではなく神なのだから。自分が自分であるために、みずから人間であることを超越する。己のアイデンティティーを確認するために、神になる。そうしなければ自分の存在が消されてしまうからである。

「耐え難いほど正義に反する」

逮捕から四八年が過ぎていた。

二〇一四年三月二七日、第二次再審請求審で静岡地方裁判所（村山浩昭裁判長）は画期的な決定を下す。再審の開始と、同時に死刑および拘置の執行停止を決めたのだ。決定文で村山裁判長は次のように捜査陣を厳しく指弾した。

「捜査機関が重要な証拠を捏造した疑いがあり、（袴田を）犯人と認めるには合理的な疑いが残る」

「A（袴田）は捜査機関により捏造された疑いのある重要な証拠によって有罪とされ、極めて長期間死刑の恐怖の下で身柄を拘束されてきた。無罪の蓋然性が相当程度あることが明らかになった現在、Aに対する拘置をこれ以上継続することは、耐え難いほど正義に反する状況にある」

驚くべきことに、裁判所が捜査機関による証拠捏造の疑いを明言し、その証拠に基づく死刑判決により死の恐怖とともに四八年間拘束されてきたと言ったのだ。

裁判所は時おり、「著しく正義に反する」という言い方を用いるが、袴田に対しては、〈拘置をこれ以上継続することは、耐え難いほど正義に反する〉と一層強く踏み込んだ表現をした。国が、耐え難いほど正義に反する状況を半世紀も強いてきた。だから一刻も早く釈放しなければならない、というのが村山判決の論理だ。この一文に、袴田が味わった長きにわたる艱難辛苦を汲む心情が込められている。

これは弁護団の予想をも上回る決定だった。これにより袴田は即日釈放されることになる。これまで死刑事件の再審は四例、袴田で五例目だが、再審開始決定と同時に釈放されたのは袴田が初めてである。これまでの四例は、再審法廷が開かれ再審無罪が言い渡された後に釈放されていた。しかし袴田については、再審請求審で再審開始決定が出たばかりで、再審自体はまだ始まっていない。無罪がまだ確定したわけではない。つまり、この段階ではいまだ確定死刑囚なのだ。確定死刑囚が〝娑婆〟に出るという矛盾した状態になったのだ。

同日午後五時すぎ、自由を得て東京拘置所の塀の外に姿を現した袴田は、まだ三月末の肌寒い時期だというのに、浅黄色の半袖シャツ姿だった。外界の空気に触れたのは実に四八年ぶり。姉のひで子と弁護士に付き添われ、周囲を窺うように視線を少し動かしたが、表情を変えることはなかった。社会からつま弾《はじ》きにされ、四八年間も世の中のどん詰まりに隔離されてきた状態から、よくぞ生きたまま戻ってきたものだ。

ところが、この静岡地裁の再審開始と釈放の決定に検察側は異議を唱え、即時抗告(通常審における控訴のこと)した。以降、二〇二三年三月に東京高裁(大善文男裁判長)の再審開始決定が確定するまでにさらに九年の歳月を要した(これを受けて、二〇二三年一〇月から静岡地裁で再審〔やり直し裁判〕が行われ、二〇二四年九月二六日に判決が下る)。

静岡地裁が〈無罪の蓋然性が相当程度ある〉との前提に立ち、再審開始と刑の執行停止を決定したということは、いわばほぼ間違いなく無罪であると認定して釈放したということである。にもかかわらずこの決定は、即時抗告審だけで四年二カ月ものあいだ塩漬けにされてしまった。本来であれば決定後すみやかに再審法廷が始まり、無罪判決が下されていなければならなかった。すでに高齢となっている袴田姉弟の時間がいたずらに奪われていく。証拠の捏造を指摘された検察は意地とプライドにかけ、確定死刑囚の立場にある袴田を再び処刑台の前へ連れ戻そうと必死になっていた。
見方によっては、「再審無罪」をみるまで袴田は、一時的に死刑の執行を停止されているだけの非常に不安定な立場に置かれているともいえる。つまり、ほぼ無実が明らかになっている一人の人間に対して、国家権力が極刑という鉄槌をそれでも下そうとする理不尽な状況が続いているのである。

生き抜くために過酷な現実を「神」に変換する

しかし故郷・浜松に戻った袴田は、そんなことには無関心のようだった。東京から浜松に戻り、姉・ひで子の自宅に身を寄せたときこう語った。
「神の国の儀式があって、袴田巖は勝った。無罪で勝利した。袴田巖の名において。その袴田巖は去年まで存在したが、今はもういない。全知全能の神である自分が吸収した。それに伴って死刑制度を廃止し、死刑の執行をできないようにした。東京拘置所、監獄は廃止された。尊敬天才天才、尊敬天才天才……」（二〇一四年七月、浜松市の自宅にて）
死刑制度が廃止されれば、自分への死刑執行をすることができない。神になり、権力者になって、袴田は悪しき死刑制度を廃止したのだ。袴田の視線は中空に向かい、焦点が定まっていないのか揺れていた。感情をどこかに置き忘れてきたかのようにも、深い苦悩と悲哀が漂っているかのようにも見える。

事件からちょうど五〇年後の六月三〇日、故郷の浜松市内を歩く袴田に同行し、事件から半世紀が過ぎたことを投げかけてみると、

「袴田事件なんか元々ありゃせんだで」

と言葉少なに語り、暑さを避けて公共施設のベンチに腰掛け汗を拭った。そこで再び問うと、語気を強めた。

「袴田巖が犯人だという袴田事件なんか最初からないんだ。あんなもの全部嘘なんだ。重要なのは自白の任意性だで……。嘘ばかりだといい世の中にならんだで、いま毎日、神である自分が浜松の街を見回って嘘が蔓延《はびこ》っていないか確認しているということだ。だから、仕事の邪魔をせんでくれ」

自白の強要、証拠のでっち上げ、でたらめな調書。それらはすべて嘘によって作り上げられたものだという。これは拘禁反応が出る前から、袴田が一貫して主張してきたことである。

釈放から半年あまりが過ぎた二〇一四年一一月、袴田とひで子は島根県弁護士会のイベ

ントに招かれ、二人で出雲路へ出かけた。袴田は黒いスーツに黒の蝶ネクタイ姿だった。聞けば、

「出雲に招かれたんだから蝶ネクタイくらいせんと、な」

イベントであいさつに立った袴田は、万雷の拍手で迎えられ饒舌だった。

「えー、私が袴田巖でございます」

聴衆を前にこう切り出した袴田は、はっきりとした声で続けた。

「全知全能の神である袴田巖は、このたび日本銀行の総裁、最高裁判所の長官に就任しました。善良な市民に給料を支払い幸せな日常を保証し、悪を裁いてまいります。それが袴田巖の役割でございます。神（真実）である私に嘘をついて反対しても神はお見通しだ。嘘が多い世の中になると、人類は成り立たなくなる――。平和で幸せな世の中を構築してまいります」

釈放から時間が経っても拘禁症は抜けていない。記者会見やシンポジウムなどでは、袴田の発言を「拘禁反応による妄想」と失笑する人も少なくない。だが、果たして本当にそうなのだろうか。

記憶が曖昧な部分は確かに見受けられる。しかし、「精神の収容所」のような拘置所か

ら釈放された後の袴田を畏敬の念をもって丹念に追っていくとき、彼の言葉の行間からは人間としての真実が滲み出ているのではないか、取材を続けるうちにそう思えるようになった。袴田の発言には独特な表現や言い回しが多いが、その言葉に含まれている深い思いを踏まえて耳を傾けてみる。眼光紙背に徹すれば、十分に理解することができるのである。

到底受け入れられない過酷な現実を、袴田は自分を神に変換することで再構築してきた。棘《とげ》に満ちた非情な運命を、嘘で塗り固められた過酷な現実を乗り越えるための物語化である。捏造された証拠によって有罪とされ、いつ命を奪われるか分からない日々を生きる。耐え難いほどの恐怖だが、そうした非道がこの法治国家でも実際に起こり得るのだ。袴田の軌跡を丁寧に追い、その内面に迫っていくことで、事件の背後に潜む病巣が浮かび上がってくるのではないだろうか。

これは、無実でありながら殺人犯の汚名を着せられ、四八年間拘禁され続けた袴田巖の物語である。彼はいかにして神になり、何を成し遂げようとしているのだろうか。

第一章　ボクサーとしての前半生

静岡国体での雄姿（後列右端から袴田、広田）。広田耕三郎氏提供

死刑囚にデッチ上げられてから間もなく一三年目に入ろうとしている。警察官の物的証拠偽造によって逮捕され、静岡県清水市の警察内の密室で極めて悪辣な拷問を連日連夜うけた。そして知らぬ間に、いわゆる自白調書と当局がいうものが捻出された。この間、私はほとんど自己を喪失させられていたことが後で分かった。ただただ、密室内で死を強制され、またしばしば殺されるのではないかという疑念と確信みたいなものが迫って来たのをおぼろげながら覚えている。

（一九八〇年五月一三日、支援者あて書簡より）

人間の社会は何故にこんなにも幸福になり難いのであろうか。

（一九八一年七月一九日、姉あて書簡より）

少女を励ましたプロボクサー

一九五八年八月、当時小学校五年生だった山本道子（二〇一九年八月没。享年七二）は、東海道線浜松駅始発の列車内で午後三時すぎの出発時刻を待っていた。他の乗客はほとんどいない。前年に両親が離婚し、一年ぶりに父親と再会した帰りだった。木製の床から熱気が立ちのぼり、窓を開けても車内にこもっている。だが、モスグリーン色をした四人掛けのボックス席で一人俯《うつむ》き、物思いに耽っていた少女には、その暑熱は伝わってこない。

車両の前方から靴音が響き、足早に通り過ぎた青年が踵《きびす》を返した。山本の傍らに佇んだ青年は、優しく声をかけた。

「ぼくのこと、知ってるかい?」

「知らない……」

「ぼくは袴田巖っていうんだ。ボクシングをしているんだよ」

そう名乗った青年は、プリント柄の半袖スポーツシャツ姿だった。

「これからもっともっと強くなって、チャンピオンになって有名になるから、ぼくのこと憶えていて。今から用事があって、清水へ行くんだ。君も頑張るんだよ」

青年の声は希望に満ち、去り際に両手でガッツポーズのような格好をしてみせた。満面の笑みを浮かべた優しそうな目元が印象的で、山本の脳裏にしっかりと刻み込まれた。

「小さな女の子が一人きりで寂しげに座っていたのが気になって、直感的に何か感じるものがあったのでしょうね。『元気を出せよ。大丈夫だよ』というような感じで励ましてくれました。両親の離婚にショックを受け、まだ幼かった弟と離れ離れになる悲しみを抱えていた心に、明るく力強い声が勇気を与えてくれました」

山本は生前、袴田との邂逅をこう振り返っていた。

大きく深い優しさに包まれた気持ちになり、山本は少し安堵した。しおれている花を見て放っておくことを良しとしない。畢竟、袴田巖とはそういう人間なのである。

その一瞬の出来事から五〇年以上が過ぎていた。「無実の死刑囚、元プロボクサー・袴田巖」というテレビの報道番組をたまたま目にし、あのときの青年だとすぐ気づいたという。わずか一、二分の、しかも遠い昔の光景をなぜ、目の前に映し出されるスクリーンを見るようにはっきりと記憶していたのか、山本は不思議だった。

すぐに資料を集めて詳しく調べると、報道のとおり袴田は無実だと確信した。自分の気持ちを楽にしてくれたあの優しい青年が、冤罪で長く苦しんでいる。死刑囚として恐怖に慄《おのの》いている。最も大切な時期に人生を断ち切られてしまった。警察や裁判所は何という不正義なことをするのか。こんなこと絶対にあってはならないと義憤にかられた。

「巖さんを支え続けたお姉さんのひで子さんの悲しみ、弟さんを想う気持ちは計り知れません。私も幼い弟が父方に連れて行かれるときの辛く悲しい思いは忘れることができません。ひで子さんの悲しみとは比べものにもなりませんが」

山本はその後、袴田の支援者の一人となり、巖とひで子を支えた。

不屈の闘志を感じさせるファイト・スタイル

袴田と山本が袖振り合った前年、一九五七年一〇月、浜松市営プールの特設リングに袴田の姿があった。第一二回国民体育大会（静岡国体）ボクシング競技のバンタム級静岡県代表となり、静岡県の三位入賞に貢献する活躍をみせた。

試合を応援していた姉・ひで子が遠い日の記憶をたぐり寄せる。

「素人目に見ても、巖のボクシングはどこかどん臭かったようでした（笑）。でも、体つきは他の選手に比べて見劣りしなかったし、前へ前へ攻めていこうとする姿勢がよくわかりました」

この年の国体から炬火リレーが始まり、また袴田らの活躍もあり、東京都以外の県（静岡県）が初めて天皇杯を獲得した大会でもあった。旧清水市在住の広田耕三郎は、このときの国体に袴田と一緒に出場している。

「袴田さんがバンタム級、私がフェザー級で国体に出たんです。大会の一カ月くらい前に浜名湖近くの舞阪にあるお寺で明治大学ボクシング部の合宿があって、そこへ袴田さんとともに参加しました。湖畔を走ったりスパーリングをしたり、かなり激しいトレーニングをしたけど、袴田さんは涼しい顔をして飄々とこなしていたのが印象に残っているなあ。無口で余計なことは口にしなかったけど、芯が強い人だったね」

その前年の兵庫国体静岡県予選で広田は、一階級下のバンタム級決勝で袴田と対戦している。

「その時は私が勝って静岡県の代表になったんです。テクニシャンというより猛烈なブルファイターの袴田さんは、打たれても打たれてもどんどん前に出て攻めてくる。そういうタイプのボクサーだったね。こっちが根負けしそうになるような感じで、大接戦だったなあ。袴田さんはその後、プロに転向して高山一夫という、のちに日本チャンピオンになった選手とも対戦したね。世界タイトルに挑戦したこともある高山の強打にも倒れることなく、一向に怯まない。本当にタフだった。袴田さんは同じ釜の飯を食った仲間というか、だから、プロになってもずっと気になって応援していました」

当時の清水市にあった串田ジムで袴田とともに練習に励んだ水田豊春は、後に東洋ジュニアフェザー級一位にまで上り詰めた選手だった。

「袴田さんはあの頃、大石日出男や勝沢孝由とともに『三羽ガラス』と称され、非常に期待されていた選手です。まじめでコツコツ練習する姿はボクサーの鑑のようでした。僕たちはきつい練習を何とかさぼろうとするのですが、袴田さんは会長から『もうやめておけ』と言われるまで続けていたのが印象に残っています」

その後、袴田は上京し、川崎市にあった不二拳闘クラブから一九五九年にプロデビューを果たした。日本ボクシング草創期の一九二〇年代に強豪として鳴らした会長の岡本不二は、「拳聖」と呼ばれたピストン堀口を育てたことでも知られ、不二拳設立後は東洋や日本チャンプを数多く輩出した。かつて不二拳の会長を務めていた栗本正義が語る。

「袴田さんとは直接の接点はありません。ですが、その打たれ強さは現在のボクサーにはない不屈の闘志を感じさせ、またチャンスともなれば一気にラッシュする戦法は堀口さんを彷彿とさせるといわれていました。ジムでそれは、堀口さんとともにまるで伝説のように語り継がれていました。ボクシングで身につけた心身の強さで、必ず再審無罪を勝ち取ると信じています」

屋根の上からB29を見上げた少年時代

一九三六年（昭和一一年）三月一〇日、静岡県濱名郡（現在の浜松市中央区）雄踏町宇《ゆうとうちょうう》布見《ぶみ》で袴田はこの世に生を受けた。浜名湖の東に位置し、東海道線の舞阪駅からほど近い雄踏町は「フジヤマのトビウオ」と称された水泳選手・古橋広之進の生誕地でもあり、袴田の長兄が古橋と同級生だった。

袴田は六人兄弟の末っ子で、すぐ上の三歳離れた姉がひで子である。歳が近かったこともあり、ひで子と袴田は一緒に行動することが多く、兄弟のなかでも仲がよかったとひで子は述懐する。

「どちらかというと貧乏な家庭でした。食事はいつも同じようなものばかり。イモ類が多く、お米が食卓に並ぶことはほとんどありませんでした。当時はどこの家も似たような状況だったので、辛いと思ったことは一度もありません。ただ、家の中にトイレがあればいいのになぁとは思いました。それと、そのころ食べ過ぎたせいなのか、今でもかぼちゃとかサツマイモは好きではないですね（笑）」

父は地元の工場に職を得ていた。雨が降ると、ひで子は袴田と連れ立って父に傘を届けに行った。父を待つ間、守衛がお菓子を振る舞ってくれるのが楽しみだったからだ。その後、一家は浜松市北部の中瀬へ転居。当時、塩の代用品にするため、ひで子と袴田は大きな一升瓶を何本も抱えて電車を乗り継ぎ、舞阪へ海水を汲みに出掛けたことがあったが、それを使用した料理が美味しいことはなかった。

一九四四年から翌年にかけて、厳しい戦局が続いていた。浜松は米軍の本土上陸予定地とされ、大都市と同様の被害があった。一九四五年五月一九日正午には二七〇機のB29が浜松・磐田に飛来して一二〇〇発の爆弾を投下、さらに六月一八日午前〇時過ぎから始まった「浜松大空襲」では、約一七〇〇人が死亡する甚大な被害を受けた。

袴田家でも防空壕が掘られ家族はそこで寝ていたが、ひで子だけはその湿気の多さに辟易し、自宅に戻って夜を明かしたという。ひで子と弟の袴田は、庭の百日紅《さるすべり》の木を伝って自宅の屋根に上り、飛来したB29を一緒に眺めていたこともあった。好奇心旺盛で、自分の意思を貫く。そうした資質が二人には備わっていたのかもしれない。

終戦を挟んで新制中学の一期生だったひで子は、戦争中は授業がほとんど行われなかったためか、独学も含め必死で勉強した。中学卒業後、税務署や税理士事務所で働きながら経理の仕事を覚えていく。まじめで正確な仕事ぶりが評価され、次第に信頼を得るようになっていった。二〇一四年に袴田が釈放されたとき、ひで子は八一歳だったが、その時点でもパソコンを使って経理の仕事に勤《いそ》しんでいた。

寺山修司が引退を惜しんだタフ・ファイター

一方、弟の袴田は地元の中学校を卒業した後、日本人初となるボクシング世界チャンピオン・白井義男のドキュメンタリーを見て憧れを抱き、ボクシングの道を志す。浜松や清水のジムで頭角を現し国体代表としても活躍、上京してピストン堀口が所属していた不二拳闘クラブに入門し、一九五九年にプロデビュー。翌年のチャンピオンスカウトA級トーナメントで優勝し、最高位は日本フェザー級六位にランクされた。フィリピンへ遠征して試合を行い、王座獲得を夢見て希望に溢れていた。

詩人で劇作家、そしてボクシング評論まで手がけた寺山修司は、リング上の袴田について次のように記している。

〈「ああ、あの袴田はどうしているだろうか?」

と、ふと私は思った。

フェザー級のランキングボクサーで、小柄で渋いファイトをする選手だった。昭和三十五年の二月から十二月まで十連勝したのを覚えている。

どちらかというと打たれ強いボクサーで、チャンピオン・スカウト・リーグでは、大真拳（大阪）の藤田征樹も、「打たれても打たれても出てくるので、とうとう打ちくたびれてしまった」のであった。

その袴田が三十六年、ランキング上位にいて、しかも山口鉄弥との十回戦で好ファイトして、マニラ遠征。

強豪マーシング・デービッドと闘って帰国したあと突然に引退してしまった。これから、という矢先であった。「あのしぶとさで、一度もKOされたことのないスタミナは、もしかしたら、大試合で実を結んだかも知れなかったのに」

と、酒場「まで」のバーテンなどは、惜しんだりしたものだった。実際、地味なファイトで、面白い試合もせず、倒しもせぬが倒されもせぬ、というファイトだったが、通向きの味のある試合をする選手ではあった。（中略）

私のもっとも印象にのこる袴田の試合は、三十五年暮の天田和芳とのものであった。

当時、天田のファンだった私は、十連勝の袴田と、勝又行雄に連勝をストップされたばかりの天田との対戦に一抹の不安を抱いていた。

ノックアウトパンチをもつ天田だったが、勝又にはやはり勝てなかった。そして、同じ不二拳の、袴田である。私は天田になったような気分で、この新人を見つめていた。その日、派手なガウンを着てリングに上った袴田は、「あしたのジョー」だった。観客席からは、「負けぐせのついた天田なんか、やっちまえ！」という声さえかかった。コーナーで名乗りをあげられる袴田の顔には、微笑があった。
袴田は十連勝のグローブをあげて、花束を受けとっていたのだった〉

（寺山修司『スポーツ版裏町人生』角川文庫）

ファイティング原田が新人王から連勝で最初の世界フライ級王座への階段を駆け上った一九六〇年代の日本ボクシングは非常に人気が高く、テレビのゴールデンタイムに袴田の試合も何度か中継されていた。袴田は、今なお日本最多記録である年間一九試合というハードな闘いが祟《たた》ったのか、眼と足に変調をきたして二年余りで引退を余儀なくされた。

引退後の袴田は清水市に戻り、キャバレー勤務の後、バーの経営に乗り出す。このころプロボクサー時代に東京で出会った女性と結婚、男の子も授かった。しかしバー経営はうまくは行かず、一九六五年一月、袴田は味噌製造会社に工員として採用され、工場内の従業員寮に住み込みで働き始めた。

第二章　事件

燃えなかった専務宅の土蔵が58年前の事件現場の面影を今に残す

今朝方、お母さんの夢を見ました。元気でした。夢のように元気でおられたらうれしいのですが。お母さん！　遠からず無実を立証して帰りますからね。他事ながら私は元気でおります。ご安心下さい。

（一九六九年一〇月四日、母あて書簡より）

拷問して自白らしいものを取り、それで捜査は終わったと思っている。それが間違っていることは言うまでもない。拷問の中で取調べを受けると、ほんとうはやりもしない犯罪を、自白する者の心理も分かるような気がする。何度も何度もそういわれている内に面倒になってくる。そういう時に肉体的苦痛を与えられると、人間はやりもしない事を自分がやったといいさえすれば、この場から逃れられるように思うのである。これが人間というものではなかろうか。

（一九七三年一月二六日、兄あて書簡より）

凄惨な一家殺人強盗放火事件

後に半世紀以上も解決されない「袴田事件」が発生したのは一九六六年六月三〇日、梅雨の合い間の蒸し暑い夜のことだった。

この日の午前二時頃、静岡県清水市（現在の静岡市清水区）の味噌製造会社「こがね味噌」の専務宅から出火し、焼け跡から一家四人の惨殺遺体が見つかった。

殺害されたのは、専務の橋本藤雄（四一歳）、妻のちゑ子（三八歳）、次女の扶示子（一七歳）、長男の雅一朗（一四歳）の四名。長女（一九歳）は事件の少し前から近所にある祖父母宅で起居しており難を逃れた。焼け焦げた四人の遺体にはそれぞれ六〜一五カ所もの鋭利な刃物による刺し傷があり、それぞれの遺体付近に釣り船用のガソリン混合油を撒いて火を放った痕跡が残されていた。

凶器は、次女の遺体足下に落ちていた刃渡り一二センチ、刃幅二・二センチの「くり小刀」（木製品工作用のナイフ）であるとされ、その鞘が中庭に脱ぎ捨てられた味噌会社の販売員用雨合羽の右ポケットから発見された。

被害者四人の死体解剖の結果、藤雄をのぞく三人の気管支から煤が、血中からは一酸化炭素が検出された。それは、少なくとも三人については胸部などをメッタ刺しにされたあと、まだ息があったことを意味する。

両隣が非常に近接した住宅地にある専務宅で、近隣に気付かれることなく柔道の有段者で大柄な藤雄をふくむ一家四人もの人間を短時間のうちに次々に殺傷し、瀕死の被害者らにガソリンを撒き生きたまま火を放つという凄惨極まりない犯行だった。


その後の現場検証では会社の売上金の一部がなくなっていたことが判明。しかし強盗目的にしては腑に落ちない点も浮上した。

当夜、専務宅では月末の給料日を控え、市内各地区を担当する販売員が集金した約五〇万円の現金がそれぞれ地区別の集金用布袋（金袋）に入れられ、それら八個の金袋を藤雄がまとめて甚吉袋《じんきちぶくろ》（帆布製の手提袋）に入れて置いていた。しかし事件現場の甚吉袋に残っていたのは五個のみ。残り三個の金袋のうち二個は、専務宅の裏木戸を出てすぐの東海道本線の線路付近に中味が入ったままで見つかっている。結局、なくなっていたのは現金八万五千円あまりと小切手二枚が入った金袋一個のみだった。

また、専務夫妻の寝室だった八畳の和室にある箪笥にあった真珠や純金、オパールなどの貴金属、時計、指輪はいずれも手付かず。藤雄が倒れていた周辺には、妻ちゑ子が日常で使っていた〝がま口〟が落ちていたが中味は残されたままだった。

ひたすら自白を強要した過酷な取調べ

事件からわずか四日後の七月四日、重要参考人として浮上したのが元プロボクサーで味噌会社の住み込み従業員、当時三〇歳の袴田だった。この日の新聞には早くも「従業員『H』浮かぶ」「血染めのパジャマ」などの見出しが躍った。捜査当局がマスコミにリークした内容をもとにした記事だった。

袴田はこの日、静岡県警興津署で参考人として任意の事情聴取を受けた。警察はリークの時点で袴田をほぼ犯人視しており、任意とはいえ取調べは極めて威嚇的で、取調官は袴田の発言にはまったく耳を貸さなかった。その様子は一審の弁護側が提出した「被告人の供述調書の任意性に関する冒頭陳述の補足」によると、次のようなものだった。

「今度の事件はお前がやったんだ」
「うそを吐くな。判って居るのだ」

取調官は確たる証拠を示すこともなく、ただ執拗に「早く自供しろ」の一点張りだったことからも、袴田を犯人と決め打ちしていたことが推察される。午前一一時から始まった聴取は時に大声で怒鳴りつけられ、すでに自白の強要が行われていた。延々と堂々巡りが続き、解放されたときは日付をまたぎ丑三つ時になっていた。

任意出頭から一カ月半が経った八月一八日、早朝六時。従業員寮自室を訪れた捜査員に袴田は同行を求められ、その夜、強盗殺人と放火、住居侵入などの罪で逮捕される。この日から清水警察署三階の取調室では、連日、さらに厳しい取調べが続いた。

「犯人はお前以外には考えられんではないか。指の傷が動かぬ証拠だ」

取調官は、袴田が消火活動中にトタンのようなもので切ったと説明する左手中指の傷を、被害者と格闘した際に負った傷だと決め込んだ。

「犯人は、お前だ、自白してしまえ」

「ここでは、やらんと言ったって一切受け付けないよ」

取調官は入れ替わり立ち替わり、鋭く責め立ててきた。ある取調官は、〃ボクサーくずれ〃であること、競輪に行ったことなどを挙げて強く非難、だから「お前が下手人に間違いない」と滅茶苦茶な論理で決めつけた。確証がないまま袴田を犯人だと断定していたことは、起訴後に静岡県警が作成した内部資料「捜査記録」の記述からも明らかだ。

〈科学的捜査の結果〉〈被疑者を検挙し、県警察の威信を大いに昂揚した事案である〉

と自画自賛しながらも、捜査が行き詰った場面では、
〈取調官は確固たる信念を持って、犯人は袴田以外にはない、犯人は袴田に絶対間違いないということを強く袴田に印象づけることにつとめる〉
とし、
〈本件は被告人の自供を得なければ真相把握が困難な事件であった〉
こう結論づけているのである。つまり、「自供」以外の客観的な証拠がないままに逮捕したことを捜査当局自身が認めているのである。
それ故か、その後の取調べは過酷を極めた。八月の炎天下に連日平均一二時間、最長で一六時間、それが二〇日間休みなく続いた。その末の〝自供〟はどのように得られたのか。本章冒頭の書簡にあるように、拷問の末にでっち上げられたものだった。長時間の取調べと有無を言わせぬ拷問による自白の強要は、任意性が担保されず無罪の証拠となる。

録音テープ四六時間分が存在していた

身に覚えのない犯行を無理やりに自白させられるに至る、当時の取調べ録音テープ約四六時間分の存在が、再審開始決定後の二〇一五年一月に明らかになった。厳しい取調べの

様子を録音テープや捜査記録などから再現してみよう。

一九六六年八月の逮捕後、数人の取調官が密室で袴田を取り囲む。

「この罪を立派に背負って、ね、自分でしっかり背負って、ね、な、しかも勇気ある涙を流して、な、それでいかないとだめだよ。な、わかってんのか袴田」

などと、執拗に自白を迫っている。

「夜が明けてまでも話をするよ、聞くよ、な、袴田」

との発言からは、すでに取調べが深夜に及んでいることがわかる。犯してもいない罪を認めるわけにはいかない袴田は一言も発しない。声を荒らげる取調官。

「お前は四人も殺して火をつけた。四人も殺したんだ。四人をお前は殺したんだぞ。ええか、四人を刺して殺しただ。人間を殺した。人間を殺したぞお前、四人も。お前はそれで火をつけたぞ。生きてる人。その苦しみを、お前、どうやって償うだ、どうやって。お前が死んだって、そんなもん癒えるもんじゃない。しかもだな、助かるべき人、早く行きゃあ助かる人、それに火をつけた。お前は四人殺した。四人殺したぞ、お前は。ええか、しかも主人を、無抵抗な人を押さえて。お前、そんなことをしたんだぞ」

語気を強める捜査官の一方で、別の刑事が何とか自供を引き出そうと試みる。

「おれ等は、今日は風呂へ入って来た。風呂は気持がいいなあ。お前も風呂へ入りたいだろう。認めれば今から風呂へも入れてやる。認めて風呂へ入って、今日はゆっくり寝ることにしろよ」

それに対し袴田は、

「でっちあげだ」

「俺は犯人じゃないよ。犯人じゃないと言っている」

と、明確に容疑を否認していることが録音テープに記録されている。便器を取調室に持ち込んで用を足すよう強要させられてもいる。取調べにあたった警部は、一審の法廷で牽強付会にこんな証言をしている。

〈小便がしたい、それじゃ袴田、便所行くかと言ったところが、表には新聞記者が放列しているがどうかと。それじゃ困ると。便器を持ってきてもらいたいというので、留置場の便器をもって来て、そうして小便をさせたわけです〉

取調室で用を足したのは本人の希望だ、というのだ。ところが録音テープによると、この証言が嘘だったことが明白だ。別の捜査員が、

「(袴田と) トイレ行ってきますから」

と言うと警部は、

「便器持ってきて、ここでさせればいいから」

と命令している様子が録音されている。屈辱的な人権侵害であることは明らかだ。暴力的な取調べについても、

〈「殺しても病気で死んだと報告すればそれまでだ」と言っておどし、罵声をあびせ棍棒でなぐった。そして、連日2人1組になり3人1組のときもあった。午前、午後、晩から11時、引き続いて午前2時頃まで交替で蹴ったり、殴った。それが取り調べであった〉

（「袴田事件弁護団」HPより）

と袴田は当時送った手紙に綴っており、一審の公判でも、

〈髪の毛を引っ張ったり叩くなど虐待のようだった〉

と証言している。拷問による「自白の強要」が行われていたのだ。

勾留期限三日前の〝自供〟

捜査陣の誤った見立てによって「袴田巖犯人説」が唱えられ、しかし確たる物証がないために自白の強要がより苛烈さを増して迫ってくる。睡眠と食事以外はほぼ取調べにあて

られた。起訴前の取調べ録音テープには取調官が執拗に自白を迫る様子が記録されている。

取調官「毎日、気が重いだろ君。ね。話せばすっきりするよ。仕方ねえ、起きてしまったことは。もうはっきり分かってることなんだからな。早く、全部、真実を言ってね、楽になった方がいいんじゃないかと思うんだけどね」

袴田「○○さん、ほんとに無関係だよ。すべて調べたら分かる。なぜ俺が……。何も動機がないよ、何も」

取調官「犯人はどこにいんだよ」

袴田「だからさ、おたくさんたち、こうやって専門で調べてるんだから、分かるでしょ？」

取調官「ああ、分かるよ。俺はな昔からな、警察官二〇年もやってきてだ、な。だから科学的に証明して、てめえみたいの、ちゃんとお前、犯人分かってるじゃないか。何言ってるんだ、お前は」

袴田「だからもう、俺みたいの……、関係ないものはないですよ、本当に」

取調官「何？　関係あるかないかはだな、俺らがちゃんと証明してやるわ」

科学的な証明ができるのであればそれだけで有罪を立証できるはずだが、実際はそんな証拠はどこにも存在しない。だから自白がほしいのだ。自白を得て袴田を犯人にしたいのだ。自白を求め詰め寄る取調官。

取調官「だからちゃんとな、お前さんが納得のいくようにな、一カ月半かけて、克明に綿密に。いいか、科学的にな、お前さんのすべてについて今までな、捜査をした結果な、お前さんに来てもらったんだよ、今日。な、ええか」

袴田「どういうことですか、はっきり言ってください」

取調官「うん、はっきり。うーん？」

袴田「あんたがたね、男としてよ、自分の首かけて、責任持ってやれることだったら、ぴしっとやってくれよ。はっきり言ってね」

取調官「男としてやってるわ、ちゃんと」

袴田「僕だって男だからね」

取調官「いいか、ああだこうだ、な、言う筋合いも何もないんだよ」

袴田「僕はね、やったものならちゃんと言いますよ。僕だってね、男だよ。ぴしっとする時はするよ、何か出てきたら」

明確にこう主張する袴田の供述には、「あるはずのない証拠が出てくる訳がない」という自信が表れている。これに対し取調官は徐々に語気を強め、なりふり構わずたたみかけてくる。

取調官「人間なんてものは娑婆に未練があんだと、お前。もう諦めなさいよ、お前。裁判も未練ももう諦めなさいよ。はっきり言っといてやるからね、もう諦めなさい。え、袴田。もう諦めなさい、袴田。娑婆に未練を持つってことはもう諦めなさい。ね、はっきり言っとくからね。もう脅かす、はっきり言ってね、諦めなさい。（中略）死刑になったってしょうがないじゃないか、お前。そういうお前みたいな被害者の冥福も祈れないような気性だったら、お前そりゃあさ、判事さんだって同情する余地はないじゃないの。（中略）ええか、お前が犯人だということははっきりしている。な、お前が犯人だ。四人を殺した犯人だ、な。犯人に間違いない、な。その犯人が、その犯人がだぞ、ええか、どうして俺はこうなっちゃったと、な、いうことをだな、話しなさい、泣いて。泣いて結構。涙を流して結構だ。な、真実の話をしなきゃ分からん。袴田、泣いてみろ。ほら、すっとするぞ」

横紙を破るように、死刑という言葉で揺さぶりをかける。ほとんど口を開かない袴田。複数の刑事が交替で責め立てる。

取調官　「言葉、言葉も忘れたか。な、言ってみろや、お？　話をしなさい。話をしにゃ分からんじゃないか、お前」

袴田　「言うことないです」

取調官　「なぜ言うことがないだ。てめえがあんなことしといてだな、それで謝罪するようなことで、言うことはないとはどういうことだ。え、言うことないっていう、そんな汚い。言うことあるじゃねえか。てめえはほんとに意気地のない野郎だなあ。意気地のねえ弱虫だな、てめえは、え。袴田、俺の言うこと聞こえないか、聞こえないのか。袴田、返事をしろよ、返事を。袴田君、袴田君」

袴田　「聞こえますよ」

勾留期限三日前の九月六日、袴田はついに〝自供〟させられ、警察官と検察官に合わせて四五通の自白調書を取られている。身に覚えのない犯行を袴田はなぜ語ったのか。連日続く取調べの苦痛に耐えられず思考能力が麻痺し、無実を訴える力が削ぎ取られたのだ。任意の事情聴取から二カ月あまり後、九月九日に袴田は強盗殺人、放火、住居侵入の罪で静岡地裁に起訴された。

第三章 「五点の衣類」

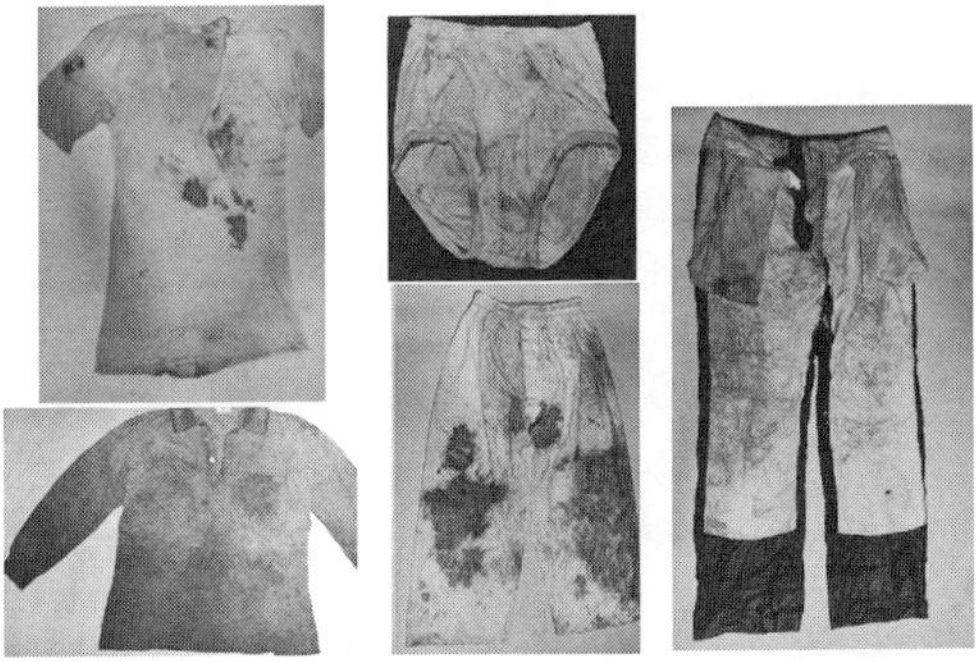

後々まで最大の争点となった〝最重要証拠〟。袴田事件弁護団提供

既に発生した現象すら満足に追えないで、彼らの血迷った見込み捜査によって私をデッチ上げ、彼ら刑事としての職務上という人間どうしを強く結んでいる共犯者的な本質的に暗い連帯の中で鑑定書まで偽証し、それを証拠に無実の私を葬ろうとしたのであります。

（一九七六年八月一五日、支援者あて書簡より）

犯行着衣が「パジャマ」から「五点の衣類」に変更

重要証拠とされたものの一つに、袴田が犯行時に着ていたとされるパジャマがある。そこに被害者と同じ型の血液がついていたという。自供前の緊迫のやり取り——。

取調官「お前さんが（犯行現場に）行ったという証拠だよ、それが。思いっ切りお前のパジャマについてるんだよ」

袴田「どうする気、俺を」

取調官「どうする気？　お前が潔《いさぎよ》くだな、服罪するだ。逮捕状の事実によって、お前は服罪する、な。お前、今さらじたばたしてだな、逃れようたって逃れることはできねえだよ。なあ、袴田」

袴田　「何としても、俺を早く殺すつもりだね」

生殺与奪の権は捜査側が握っているというのだろうか。血液が〝思いっ切りついている〟というパジャマは事件直後から「血染めのパジャマ」と新聞に報道されている。後に判明したことだが、このパジャマについた血は実際は肉眼では確認できないほどわずかなものだった。とても「血染め」と表現できるものではなかった。これは警察のマスコミへのリークによるもので、当初から袴田を犯人と印象づけようとしていたことが窺える。

ところが事件から一年二カ月後の第一審の公判中のことだった。味噌工場の一号タンクの底から、麻袋に入った鮮やかな赤色の血痕が付着した鉄紺色ズボン、ネズミ色スポーツシャツ、白色半袖シャツ、白色ステテコ、緑色ブリーフの「五点の衣類」が工場従業員によって突如として発見された。つづいて再度行われた袴田の実家への家宅捜索で、同じズボンの共布《ともぎれ》がいとも容易《たやす》く発見される。

捜査側はこれを袴田の犯行着衣であるとし、公判中にもかかわらず検察は朝令暮改のごとく冒頭陳述の犯行着衣をパジャマから「五点の衣類」に訂正。これまでみずから描いてきた事件のストーリーを大きく変更した。それは、袴田が四名を殺傷後に寮自室に戻り

「五点の衣類」を脱いでパジャマに着替え、再度放火のため現場に戻り、その際、留め金の鍵が掛かっている裏木戸を三度も行き来したという不自然なものだった。

これまで犯行着衣としてきた「血染めのパジャマ」はどこへ行ったのか。そこに付着していたという血液は一体何だったのか。自白調書にはまったく出て来ない「五点の衣類」にどうして信用性があるのか。しかも「五点の衣類」が発見された味噌タンクの中は、事件直後に徹底的に捜索され、何も発見できなかったのである。そもそも起訴状でも一審の冒頭陳述でも一貫して犯行着衣はパジャマとされてきたのであるから、本来であればこの時点で公訴の妥当性が疑われてしかるべきだった。

袴田はこのとき、支援者らに送った手紙に、〈真犯人が動き出した証拠〉と記し、むしろ勝利への自信を見せている。

前述のように当初犯行着衣とされた「血染めのパジャマ」は、実際には肉眼では判別できないほどの小さな染みがあるだけだった。うがった見方をすれば、焦った捜査側はこれでは証拠能力があまりにも低いため、鮮血まみれの犯行着衣「五点の衣類」を準備し、味噌タンクに仕込んだのではないのかという疑惑が生じる。証拠の捏造である。

これが死刑判決における最重要証拠とされ、再審決定判決で「捏造の蓋然性が高い」と一刀両断された「五点の衣類」の正体なのである。

捏造が強く疑われる「五点の衣類」の矛盾点

「五点の衣類」が捜査機関によって捏造されたものだと疑われる点は他にもある。

控訴審では一九七一年に五点の衣類のなかのズボンが袴田に穿けるかどうか、装着実験が行われている。それによるとズボンは袴田の太ももまでしか穿けなかった。それ以上は、サイズが小さくてつかえてしまったのである。チャックも閉じることができない。このズボンは明らかに袴田のものではなかった。この実験は七四年、七五年と計三度も行われたが、いずれも結果は同じだった。ズボンの装着実験によって弁護側は勝利を確信したという。

ところが検察側は、「ズボンが味噌に漬かって縮んだ」「袴田が太った」などと信じがたいストーリーを展開した。弁護側はこの条件でズボンは縮まないという専門家の鑑定を提出。また当時袴田が使っていた別のズボンは、すんなりと穿くことができた。袴田が太ったわけではなかった。

さらには支援者らの実験結果（第二次再審請求審）により、一年二カ月も味噌に漬かっていた衣類についた血液は黒色化することが判明しているが、対して警察が撮影したカラー写真の「五点の衣類」には鮮やかな赤みが残っている点である。袴田が犯人で、事件直後に味噌タンクに隠したとすると、発見まで一年二カ月間も味噌に漬かっていたことになるが、それにしては付着した血痕の色は鮮やかな赤みを帯びていた。弁護団は、これは事件直後ではなく、発見直前に捜査機関が仕込んだ捏造証拠であると指摘して、再審決定の根拠ともなり、再審法廷でも最大の焦点となっていく。

同様に大きな争点となったのは、白半袖シャツの右肩部分についていた被害者以外の、つまり犯人のものとされる血液だ。第二次再審請求審で弁護側から提出されたその血痕のDNA鑑定は袴田のものと一致しないとした。検察側はDNA鑑定の手法に異議を唱え、この方法によって正しい鑑定が可能であるかどうかの検証実験を即時抗告審で求めるなどしたが、最高裁と差し戻しの東京高裁で否決された。

袴田を真犯人としようとする証拠が、逆に袴田の無実を証明する証拠となったのだ。もはや「五点の衣類」が捏造証拠である可能性はきわめて高い。

第四章　一審死刑判決の真実

人の生命を左右する裁判に於ては裁判官自身おのれの能力の限界というものを省みる必要がある。裁判官自ら一人でものをやってのけられる能力、技術、手足と頭が備わった全人的な善人であり得ないことも悟らねばならないのである。万能な裁判官を養成すること自体到底不可能なことも事実である。この意味からいっても裁判官の職に就いた者は、速やかに自己の権威や片意地な反骨精神は放棄しなければならないと思う。裁判官とは、無実の証拠を持って否認している被告人に対し、少なくとも精神的に地獄の死刑執行人の威があってはならないのだ。本事件を人間として真剣に検討して見るがいい。

（一九七六年九月一〇日、支援者あて書簡より）

初公判で全面否認に転じ「私はやっていません」

一九六六年一一月一五日から始まった静岡地裁（石見《いわみ》勝四裁判長）での第一審、初公判の法廷で袴田は、罪状認否にあたり、

「私はやっていません」

と端的にはっきりと言った。

異動で静岡地裁に赴任し、第二回公判から審理を担当した熊本典道《のりみち》元裁判官（二〇二〇年一一月没。享年八三）は、その際の法廷での印象や判決までの経緯を二〇〇七年に行ったインタビューで詳細に語った。

「ぼくは途中から審理を担当することになったので、更新手続きを経て、もう一度起訴状を朗読してもらい、罪状認否をしてもらったんです」

その際、石見裁判長が袴田にこう尋ねた。

「前回も聞いたと思うけどね、裁判官が今度変わったからもう一回聞くけどね、今の起訴状に対してあなたどうですか？」

再び熊本元裁判官の話。

「そのとき、たった……一行の文章でね、『私はやっておりません』と言った。そのときね、卑屈な顔でもなく、どちらかというとぶっきらぼうだが、はっきりとそう言った。それが今でも、ずーっと脳裏に焼きついて残っていますよ。今までの誤判、冤罪に絡んだ事件だと、いろいろ言うのよね。『取調官がどうした、こうした』とか。だけど、袴田君はそれっきり口を利かなかった。だからぼくは、その袴田君の言葉を聞いて『あれっ？』と思ったことをはっきりと覚えています。

それに対して弁護人に、『被告人が言ったとおりでいいですか』と聞くと普通は、『被告人は絶対にやっていない。自白調書があるけれども、それは合法ではない』などと理屈をつけて言うんですよ、普通は。でもそうは言わない。『さっき被告人が言ったとおりです』と言った。『へえー！』と、ぼくにしてみると、そう思った。

弁護人は、『これとこれに争いがある』と言うべきなんだけど、言わなかった。他の人が裁判官だったらどう思うか知らんが、ぼくにしてみれば、『あれっ、なんで争わないんだろう？』と思った。後になって分かったんだけど、弁護人が被告人と面接した時間が非常に短いの。三回で合計三七分だけ。弁護人の選任届けを書いた程度で、それで終わりですよ。大した話してないんですよ。だから弁護人自身に、『袴田君が犯人だ』という勘違いがあったんですよ。だからぼくは、この事件は心してかからなければいかんな、と強く思いました。ここからですよ、ぼくが袴田事件を意識するようになったのは」

本当は四五通の自白調書を全部蹴りたかった

その日の審理が終了した後、法廷の隣の部屋には三人の裁判官が揃っていた。あとの二人は石見裁判長と高井吉夫裁判官である。そこで熊本はこう言った。

「石見さん……。これは……、なんか自分たち三人が裁かれているような事件じゃないですか」

「うーん……、そうだな」

石見はそう言って唸ったままだったという。それが、ずっと熊本の脳裏に残っていた。

法廷での審理は、自白調書の任意性についての調べに移っていった。そのときの様子を熊本が振り返る。

「通常は、自白調書の請求があると、任意性があるかどうかをまず審理します。どうするかというと、取調べにあたった捜査官を証人尋問して調べるんです。松本久次郎と松本義男という二人の捜査官を調べたんです。自白調書の任意性に疑いがある。それは、長時間の取調べが連日行われているからなんです。どちらかの松本氏をぼくはかなり厳しく追及したんだけど、彼は、『黙秘権を告げて、特に変わった取調べはしていないから任意だ』という。普通の弁護人だったら『あんた、殴ったんじゃないか』とか、そんな話をするはず。

そこでぼくはその捜査官に、『刑事訴訟法で黙秘権が保障されているけど、そのことについてあなたどう思っている?』と質問した。『できればないほうがいいと思っているんじゃないか?』ということを聞きたいがために質問した。また、『黙秘権があるんだから喋らんでもいいぞ、という言い方もあるけど、どういう告げ方をしたんだ?』とも聞いた。自白調書は全部で四五通あって、本当は全部蹴りたかったんですよ。でも実際は四四通に任意性がないとしました。本当はゼロにしたかった。ただ一通だけを譲ったのは、刑事訴訟法学上、『認めるべきだ』という説が有力だったんです。ぼくはそれに捉われなかったんだけど、一つを譲ったということです」

熊本は、連日の長時間におよんだ取調べについても言及した。

「取調べは連日、二十数日にわたり、毎日長時間におよんでいます。ぼくにしてみれば『何でこんなにしつこく毎日毎日調べていたんだろう?』と、手続きの違法性だけじゃなくて思った。ということは他に確たる証拠がないんじゃなかろうか、という疑惑が起こってきた。

検事に言わせると、『熊本裁判官は予断を持っている』と言う。そのときぼくは、『被告人に有利な予断は別にいいじゃないですか』と言ったところ、『その発言は気に食わない』なんて言われたけど。

いくつかの確たる証拠、また、それに近い証拠がいくつかあれば、そんなに連日ムキになって取調べんでもいいだろうということですよね」

「死刑」を言い渡す「判決文」を誰が書くのか

熊本はこのとき主任裁判官として判決文を書かなければならなかった。結審前からすでに、判決文の下書きに取り掛かっていた。そしてそれは、袴田に対する無罪の判決文であった。

「こんな希薄な証拠構造で有罪の判決文を書くことはできない」

熊本はそう考えていたという。無罪の判決文を書き、その後、他の二人の裁判官を説得すればいいと思っていた。

公判中に袴田の犯行着衣とされる「五点の衣類」が発見されても、熊本の無罪への確信は変わらなかった。

「自白以外に結びつけるキーポイントの証拠、直接証拠はもちろんないし、自白を裏付ける証拠らしきものも出ない。後に問題となる『五点の衣類』以外はね。

裁判のある段階から、大事な証拠がもうないんかな、と思ったんです。ぼくはある時期に、袴田君は無罪だと、確信というのはおかしいけど、無罪にするしかないな、という心証を持っていたね。無罪の判決の下書きは裁判官用の便箋で三五〇枚でした。自分なりに、自分の意見をまとめておいたんです。本来、無罪の判決には理由を書かなくていいんです。要するに『有罪の立証ができない』『有罪の立証ができていない』と書きっぱなしでいいわけ。だけど、日本の裁判官の生真面目さというか、ね。自分なりに判決の理由も含めて原稿を書いて、それで最終の合議をやりましょう、という話に入ったのが判決の年の六月初めまたは中旬くらいでしたね」

無罪判決の下書きを書き終え、三人の裁判官の合議に入ったものの、石見裁判長と高井裁判官が有罪・死刑を主張。結局、二人を説得することができず、合議では一対二で負けてしまった。合議に敗れたあと、大問題がひとつ浮上した。それは「死刑」を言い渡す「判決文」を誰が書くかということ。

「法律にはないんだけれども、裁判所のしきたりとして、主任裁判官が判決を書くんです。慣行です。主任裁判官として合議で敗れた裁判官が判決を書くことについて、いいか悪いか。で、袴田事件の主任裁判官はぼくだった。ぼくにしてみれば、心にもない判決を書くはめになったということです。それを書いて公にする。しかも、それは「死刑判決」ですよ。それって、憲法で保障されている良心の自由を侵すものだと、今でも思っていますよ。そこで、もう一回揉めたんですよ。ぼくは、『書かない』というか『書けない』と言ったんです。だけど、今まで主任が書くことになっている、という話になった。その直前に、『無罪判決』の下書きを破り捨てました」

そのとき熊本には、二つに一つしか方法がなかった。書けないと言って裁判官を辞めるか、無理して書くか。熊本は精神的に荒れた。熊本が振り返る。

「でも、もしぼくが裁判官を辞めて他の人に代わったら、裁判はさらに一年以上延びてしまう。そして、〇対三の合議になるだろうことは容易に予想できた。どっちが被告人のためになるんだろうと、熟考しましたよ。それはねえ……。もちろん、言われなくたって書くつもりでした。他の人に代わって〇対三になることを恐れていましたよ。それで書きました」

熊本裁判官は、四五通の自白調書のうち四四通を証拠として採用しなかった。長時間の取調べなど任意性に欠けるからだ。では、なぜ一通だけ譲って証拠採用したのか。

「本当は四五通すべて却下したかった。一通だけ証拠採用したのは、有罪・死刑判決を書くためです。そのために採用した一通の自白調書が必要だったのです。苦渋の選択でした」

判決文の「付言」に込めた思い

　こうした経緯を経て一九六八年九月一一日、静岡地裁は袴田に対し死刑判決を下したのである。ここで強く思うのは、人間の生命を奪う死刑判決をわずか三人の多数決で決めていいのかということだ。つまり死刑判決は、全員一致でなければならないのではないだろうか。少なくとも裁判官のうち一人でも死刑判決に合理的疑いを差し挟むことがあれば、より慎重な手続きを踏むべきではないだろうか。

　熊本が、心にもない死刑判決を書くにあたって考えたのは、判決にどういう屁理屈をつけるか、ということだった。当時、判決の理由の中に、「実は違うんですよ」「ああ、書いている本人は本当はそう思っていなかったんだな」ということを理解してもらえるように、見る人が見れば分かるような表現を所々に残しておいたという。

「本当に二律背反の最たるものですよ。一方では自分のプライドのためにきちんとした文章を、きちんとした理由付けをしながら書いておきながら、『本当はここに問題があるんだよ』『だから、控訴審の裁判官、どうかわかってください』という思いを込めながら、そうしたものをちりばめながら判決を書いたんです。それが、幸いにして一人か二人、全然この事件に関係ない裁判官が、『あれは、裁判官が疑いを持っていたんだ』と見抜いてくれた人が現れたからね。……それが救いになった……」

その葛藤の最大の表現が、判決文の「付言」という部分だった。判決公判のとき、石見裁判長に「一言一句、手を加えないで読んでくれ」と頼んだという。

「被告人を死刑に処す」

判決言い渡しのときに、袴田はガクンと肩を落として頭を垂れた。

熊本は、当時の心証としては、「無罪」と強く感じていた。確信さえしていたという。にもかかわらず、思っていることと真逆の判決文を書いた。判決公判以降、熊本は一週間仕事を休むことになった。

熊本が死刑判決に添えた「付言」は以下のとおりだった。

〈本件の捜査に当って、捜査官は、被告人を逮捕して以来、専ら被告人から自白を得ようと、極めて長時間に亘り被告人を取調べ、自白の獲得に汲々として、物的証拠に関する捜査を怠ったため、結局は、「犯行時着用していた衣類」という犯罪に関する重要な部分について、被告人から虚偽の自白を得、これを基にした公訴の提起がなされ、その後、公判の途中、犯罪後一年余も経て、「犯行時着用していた衣類」が、捜査当時発布されていた捜索令状に記載されていた「捜索場所」から、しかも、捜査官の捜査活動とは全く無関係に発見されるという事態を招来したのであった。

このような本件捜査のあり方は、「実体真実の発見」という見地からはむろん、「適正手続の保障」という見地からも、厳しく批判され、反省されなければならない。本件のごとき事態が二度とくり返されないことを希念する余り敢えてここに付言する〉

もちろん袴田は控訴した。事件解明の場は東京高裁に移った。

この一審死刑判決から七カ月後の一九六九年四月、熊本は裁判官を退官した。以後、熊本はこうした葛藤を公にすることなく、長く胸に秘めたままその後の人生を送ることになる。しかしやがてそれは、良心の呵責として徐々に熊本の人生を蝕んでいった。熊本がこの判決をめぐる真実を語るのには、約四〇年の歳月を待たねばならなかった。

第五章　東京拘置所での日々

〝獄友〟狭山事件の石川一雄（左）が足利事件冤罪の菅家利和と来訪

ドアに付いた染みが死を意味したり、壁の色が何か異様にみえて人間の姿に固まり、その顔は大分前に処刑された者であったりする。本当に悪魔が鍵孔を操っているとしか思えない。

（一九八一年一〇月四日、獄中日記より）

俺の房下に桜の木がある。高さ約六メートル、直径約五メートルに枝を伸ばしている。そのそれぞれの小枝には今花が満開だ。僅かな風に小枝が棚引いている。それはさながら花の精が俺を招き求めているように思える。俺の魂は花の精に従順だ、もう解け合っている。しかし、目の前の鉄格子がこの身の前進をしっかり阻んでいる。俺は花の精に歌いかけた。

（一九八二年四月一一日、獄中日記より）

「娑婆に戻ったらボクサーに復帰する」

社会という群れから一人切り離された勝負師は、獄中の深い谷底に突き落とされてもなお生き抜くことを諦めなかった。這い上がろうと試みても、なかなか脱出することができない。敗北寸前の窮地に耐え続け、無辜でありながら死刑囚として社会から切り離された中であっても、獄中でのささやかな交流があった。

一九六八年九月一一日、一審で死刑判決を受けた袴田巖はただちに控訴。静岡刑務所に併設されている拘置施設から東京拘置所へ移送された。当時の東京拘置所は現在の小菅ではなく巣鴨にあった。戦後すぐにGHQが接収し戦争犯罪人らが収容されていた巣鴨プリズンのあった場所で、A級戦犯の東条英機らはここで処刑された。

東京拘置所で邂逅したのが石川一雄だった。一九六三年、埼玉県狭山市で女子高生が殺害された「狭山事件」の犯人として逮捕起訴された石川は、一審で死刑判決を受け、控訴した一九六四年四月に東京拘置所に送られていた。強く無実を主張した二審でも有罪は覆らず、無期懲役判決。一九七七年に上告が棄却され無期懲役が確定、千葉刑務所で服役した。一九九四年、仮出獄し三二年ぶりに社会へ出た石川は、今なお冤罪を訴え第三次の再審請求を行っている。

袴田が東京拘置所へ移送された一九六八年から、石川が無期懲役に減刑される一九七四年まで、拘置所内で二人の交流は六年あまり続いた。死刑判決を受け上級審で争っていた被告や確定死刑囚が勾留されていた四舎二階で二人は次第に心を許し合うようになる。この四舎二階には死刑囚が多く収監され、「四二（死に）房」と呼ばれていた。ともに一審で死刑判決を受け控訴中の身、互いに「イワちゃん」「カズちゃん」と呼び、心に通じ合うものがあったと石川は述懐する。

「今では考えられませんが、当時は午後になると独居房の鍵が開けられ、同じフロアの房は自由に行き来ができました。定期的に転房があり、隣の隣がイワちゃんの房だったこともあります。読み書きができなかった私は、自室で勉強の日々でした。イワちゃんが遊びにくると『カズちゃんも俺も冤罪だから、お互いがんばろう』と励ましてくれたものです。娑婆に戻ったらボクサーに復帰する、無実はもうすぐ明らかになる、とイワちゃんは力強く宣言していたことをよく憶えています」

ただ執行を待つばかりの死刑囚とは異なり、袴田には常に、前向きな思考と強靭な精神力を感じた、と石川は振り返る。

死刑を宣告されていたとはいえ、三畳あまりの独居房では文鳥を飼ったり、家族の写真を飾ったりすることが許されていた大らかな時代。中には、果物を発酵させてドブロクを作り、仲間に振る舞う収容者もいたという。閉ざされた獄窓から無実を叫ぶ二人。しかしその声は、厚い塀に阻まれてなかなか娑婆には届かなかった。

東京拘置所には当時、「吉展《よしのぶ》ちゃん誘拐事件」（一九六三年）で確定死刑囚となっていた小原保が収監されていた。これは戦後最大の誘拐事件といわれ、日本で初めて報道協定が結ばれた事件でもあった。しかし、一九六三年三月三一日の誘拐から一週間後、身代金を犯人に奪われ四歳の吉展ちゃんは戻らない、という大失態を警察は犯した。大きな批判に晒され、事件は長期化の様相を呈していた。

そうした中、約一カ月後の五月一日に埼玉県狭山市で女子高生が行方不明になり、後に遺体で発見される「狭山事件」が起きた。この事件でも警察は、身代金受け渡し現場で犯人を包囲しながらも、取り逃がしてしまう。「吉展ちゃん事件」に次ぐ大きなミスを犯し、警察庁長官が引責辞任する事態に陥る。世論の警察への批判は強く、犯人検挙が至上命令になっていた。

焦る警察に別件逮捕されたのが石川だった。石川は警察の強引な取調べに耐えかね、一カ月後、虚偽の犯行を自白せざるを得なかった。相次いだ失態に苛立った警察が、強引な手法で石川を自供に追い込んだのではないかという見立てが根強く指摘されている。

一方の「吉展ちゃん事件」で小原は、二度にわたり容疑者として浮上したが、アリバイを主張し認められていた。二年後、迷宮入りかと思われた矢先、警視庁捜査一課で「落としの八兵衛」の異名をとる平塚八兵衛刑事が、切り札として捜査本部に投入された。八兵衛は供述のわずかな矛盾を見逃さず、アリバイ崩しに成功。小原の自供を引き出し、供述通り吉展ちゃんの遺体が発見された。小原は一九七一年一二月、「真人間になって生まれ変わります」の言葉を残し、死刑が執行されたという。

獄中仲間も確信していた袴田の無罪

犯罪は社会を映す鏡という。

犯した罪は〝アプレゲール（戦後派）犯罪〟と派手に報道されたが、一転、獄中ではカトリックの洗礼を受け模範囚として静かに過ごしていた「バー・メッカ事件」の正田昭死刑囚が、戸外運動から戻る際などによく、

「イワちゃん、頑張ってね」

「大丈夫だよ、石川さん」

と声をかけてくれることがあった。袴田も石川も、正田のこの言葉に大いに励まされたという。

袴田はこの頃、兄にあてた手紙でこう述べている。

〈獄中にもやっと春の兆が現われてまいりました。私は四度辛い苦しい冬を過ごして見、自分の肉体の衰えを微かに感じましたが、しかし私は何ものにも勝って強く生きておりますので御安心下さいませ。（中略）裁判の状況については、私は無罪解決の道、夜が明けるその道近しと考えております〉（一九七〇年四月五日）

一審で死刑判決を受け、控訴中の手紙である。自由を奪われ外の世界から遮断されながらも、みずからを鼓舞し二審に立ち向かう様子が窺える。しかし一方で、魂をすり減らし、内面に不安を抱え揺れ動く心情が表れた手紙も書いている。

〈原審の著しい誤認が、無実の人間を鉄格子の、そして沈んだ灰色に汚れた白壁と、染みだらけの部屋には、何か死の匂いに近いものすら感じます〉（同年五月二九日、兄あて書簡より）

一九七一年、東京拘置所は小菅へ移転した。

やはり後に冤罪と判明する「布川《ふかわ》事件」の杉山卓男《たかお》も、未決囚の頃にここで袴田と獄中仲間になっている。無期懲役が確定した杉山は二九年間の服役後、一九九六年に仮釈放で出獄。逮捕から四四年後の二〇一一年に再審で無罪がようやく確定した。戦後、逮捕から無罪までにかかった期間として、現在のところこれが最長である。無罪確定からわずか四年後、杉山は六九歳で死去した。生前お会いした際、こんな話をしてくれた。

「袴田さんは運動の時間、いつも鋭いパンチを繰り出して黙々とシャドー・ボクシングをしていました。そして、いかに自分が無実であるかということを、捏造された証拠を例にあげて熱く語るんです。その内容と真摯な姿に、私は彼の無実を確信していました」

袴田がいたフロアには五〇の独居房があり、死刑や無期懲役の判決を受けた被告のほか死刑確定者がいた。そこには「連続ピストル射殺事件」の永山則夫が、一つ上の階にはライフル銃で殺人と立てこもり事件を起こした金嬉老などが収監されていた。彼らも袴田の冤罪を疑わなかったという。

袴田本人も控訴審の闘いに自信をみせていた。

〈肩から胸のあたりを、私は愛撫するように何度も掌で這わせて見た。するとその自分の肩に、ずっしりと重い災厄の荷を背負わされた自分がいとおしくて、思わず目頭が熱くうるんでくる。法を犯した捜査陣は、当審で全敗するだろう。(中略)本件においては、私の勝利は、もはや不動である〉(一九七五年一二月一五日、兄あて書簡より)

しかし一九七六年、東京高裁が下したのは控訴棄却。死刑判決が維持されたのである。それでもまだ最高裁がある。諦めることはなかった。

最高裁判決前に語った「僕は裁判所を信じています」

無実を信じていたのは、家族や獄中仲間だけではなかった。元刑務官で当時は法務省職員だった坂本敏夫が袴田と会ったのは、最高裁で死刑が確定する直前の一九八〇年七月。収容者の待遇改善のための面接においてだった。三〇歳で逮捕された袴田は四四歳になっていた。坂本の、袴田に対する第一印象は意外なものだった。

「袴田さんはいわゆる凶悪犯とは違って無味無臭、ごく普通の人でした。法務省職員としては疑うことは許されないのですが、話しているうちに一つひとつの言葉の重みに触れ、次第に『袴田さんは真犯人ではないのではないか』と思うようになっていきました」

学業に一生懸命励まなかったことを悔いているという袴田の、次のように語った言葉が坂本の胸に突き刺さったという。

「(拘置所で) 本当に必死に勉強しました。裁判所に提出する上申書を書くために難しい言葉も覚えました。拘置所には法律の専門書はないのか、貸してもらえませんでした。兄や姉が食費を削って差し入れてくれたお金で買うしかないのですが、もったいなくて使えません……。僕は裁判所を信じています。ビクビクしているのは、僕を犯人に仕立て上げた警察です」

袴田の初期の手紙や獄中日記は誤字や当て字が多く、無骨さが残る文章が散見されるが、徐々に流麗になり、詩情豊かな表現さえ見られるようになる。そこに独居房での独学の痕跡が窺える。

「殺ったかどうかは問題ではない」という冷たい声

四カ月後、最高裁は上告を棄却。神は沈黙を貫き、死刑が確定してしまった。

前回の面談から一年後、再び面接の機会を得た坂本は、免田栄の再審開始決定（一九八〇年）の記事が掲載された法律雑誌を持参した。礼を述べた袴田が続けた。

「この袴田、ボクサーとして地獄のトレーニングで鍛えた男です。裁判所には負けません。裁判官には過ちもあります。でも神様はわかっていらっしゃる」

坂本が獄中の袴田と最後に会ったのは、翌一九八二年夏のことだった。前年まで真実解明への闘志を漲《みなぎ》らせていた袴田はこのとき、血の気が引いたような白い顔で「死刑執行の夢をよく見る」と、慄くように言ったという。

「僕は人を殺していない、と叫んでも、看守の『死刑が確定したから執行するんだ。殺《や》ったかどうかは問題ではない』と冷たい声が返ってくるだけなのです。何度も何度も同じ夢を見るので、本当にそうなってしまうのかと怖くて仕方ありません」

実際、無実の人間が死刑に処されたケースは、過去に幾度かあったとされる。

一九四七年に起きた福岡事件では、殺人の主犯とされた西武雄が無実を強く訴えたが、一九七五年、刑場の露と消えた。

比較的最近では、飯塚事件（一九九二年）で少女二人を殺害したとされる久間《くま》三千年《みちとし》が、やはり冤罪が疑われながら二〇〇八年に処刑された。両事件とも今なお、捜査と裁判への疑念が強く指摘されている。

免田事件で死刑が確定し、のちに再審無罪を勝ち取った免田栄からはこんな話を聞いたことがある。

「福岡拘置支所にいた二九年間の獄中生活のあいだに、十数人の死刑囚仲間が刑場へと消えていった」

また、同じように無罪を勝ち取り、死刑台から生還した財田川《さいたがわ》事件の谷口繁義も、収監されていた大阪拘置所で死刑囚三〇人近くを見送ったという。

人間として生き残れるかどうか、袴田は今、瀬戸際に立たされている。実に危ういところで呼吸をしていることが、実感を伴って迫ってくる。勢いよく回っていた独楽《こま》の回転数が徐々に落ちてくるようだ。明日の命は保証されていない。

いかに生き延びていくか。自分の生命をどう維持していくか。袴田はそこに神経を集中せざるを得なくなった。怯えるような目をした袴田と対面して、坂本は小さな憂いを感じた。そしてそれは、杞憂で終わることはなかった——。

第六章　神になっていく袴田巖

覆い隠されてしまうところ、人の心も見えず、真実の叫びが声とならず音とならず、連日起こる抗議の言葉の跡すらみえぬ。真昼にも真の闇に覆い隠されてしまうところ、夜通しもがき掻きむしっても何一つ摑めないところ、足もとどかぬ底なし沼、何一つ行くえも知れぬところ、一切隠し消そうとするところ、ひとたび転んだら二度と起つ手だてすらないところ、呪いと滅びの地獄よ。だが私の心は縛れぬぞ悪魔たちよ。

（一九八二年三月一四日、獄中日記より）

死刑確定後、面会を拒むようになる

袴田に変化が表れ始めたのは、一九八〇年一二月に死刑が確定してしばらく経ったころだった。「処刑される夢を見て、怖くて仕方がない」と訴える。獄中日記にはこんな記述がある。

〈天から星がおちてくるに違いないと思った。朝になっても太陽は昇るまい、昨日が太陽の照る最後の日であったのだ。

机のろうそくに火が点けられた。これが燃え尽きるとわたしは死ぬし、世界は滅びるのだと思っていた〉（一九八一年一一月八日）

〈火の気のない冷え切った独房の中、それは私たちの世界、この刑場のある地域の異常な気温。私は気分重く、ぶるぶるふるえる。いつになくいじらしいこの手足。私の肉体に対して申し訳なく思う〉（一九八一年一二月二〇日）

深い闇の底に存在する袴田独自の世界観。彼の言葉からは、ある種、哀しみと空虚さが感じられる。極度な精神的緊張を強いられている様子も窺える。

死刑が確定した袴田は、一九八一年四月に第一次となる再審請求をしたものの、次第に、「全能の神だで、知らん人とは会いたくない」

などと、姉や弁護団との面会を拒むようになる。無実の叫びが届かず絶望が固定化してしまったのか。やがて訪れるであろう絞首刑の恐怖に全身が支配されてしまったのか。いずれにしても、なす術のない逆境に置かれた重圧が袴田の精神にのしかかり、内面に変調をきたしたことは間違いない。

一九八五年、前年に「山中湖連続殺人事件」を起こし、二人を殺害した警視庁の元警部・澤地和夫が、東京拘置所に収監された。澤地は新四舎一階などで、一九九七年一〇月までの一二年間を袴田と同じフロアで過ごした。澤地は獄中で著した『東京拘置所 死刑囚物語』（彩流社）の中で、袴田についてこう記している。

〈袴田巌ともかなり長い間を同じ獄舎で過ごしていることになります。しかし、私が入所した85年当時から、彼はすでに精神を病んでいたようですから、個人的交流は一切ありません〉

〈この大先輩は、すでにその時点で、近くで見る私の観察によっても、やはり普通でない人間になっていることがわかりました。それは第一に、目に輝きがないこと。第二は、ほとんど戸外運動にも出ることなく、一日の大半を自房で歩き回っていた点〉

袴田の入浴がいつも最後だったことや、二、三カ月に一度、自房から引きずり出されて保安房へ連れて行かれたことも記録され、さらにこう結論づけている。

〈彼が精神を病むに至ったのは、無実の訴えに耳を貸さず、30年以上にわたって独房に拘禁し、外部とも自由に交通させないなどの誤った国の刑事政策にその原因があると思います〉

死刑確定後一年あまりを経た一九八二年あたりから、澤地が収監される一九八五年までの三年ほどのあいだに、袴田は神になり、みずからの世界を作り上げていったのだろうか。

独居房の中を毎日何時間も歩き回っていた

一九九六年一一月、まったく身に覚えのない強盗致傷事件の共犯として逮捕された飲食店経営者の大石正彦は、一審で懲役八年の実刑判決を受け控訴。一九九八年に東京拘置所に移送された。

「移送された翌日の七月一日、ロス疑惑の三浦和義の銃撃事件で控訴審の無罪判決が出ました。上空をヘリコプターが飛び交い、騒がしかったのをよく覚えています。私は新北舎一階の雑居房、八人部屋にいました。当時、裁判を待っている被告人が大変多く、中でも窃盗や覚せい剤の犯罪者がたくさんいました。それらの多くは確信犯で、要するに拘置所へ遊びに来ているようなもんなんです。でもぼくは、控訴して無実を訴え闘っている。他の収容者が話しかけてくるなど、まわりがうるさくて弁護士への手紙や趣意書を書くことができない。そこでわざと規則違反をして、懲罰として独居房へ移ったんです」

当時、東京拘置所には南舎と北舎、新舎、新北舎の四つの舎房があった。オウム真理教事件の麻原彰晃（松本智津夫）は南舎にいたという。大石が新北舎三階の独居房へ移ると、一番奥の角部屋「一房」に収容されていたのが袴田だった。そのはす向かいの房に入った大石は、すぐに「有名な袴田さんだ」とわかったという。

「袴田さんは今よりも太っていて顔は蒼白、蠟人形のようだったのが印象に残っています。狭い独居房の中を毎日何時間も歩き回っていました。足は上がらず引きずるような歩き方で、歩幅はとても小さかった。生気が感じられず、ただ生かされているだけのように見えました。三年間同じフロアにいましたが、話したことは一度もありません。ただ袴田さんは、夜中に係長クラスの職員を独居房に呼んで話し込んでいることがありました。私はみずから望んで独居房に入りましたが、それでも二四時間一人きりでいると精神的に参ってしまう。ふと気がつくと、房を這うゴキブリや蜘蛛にごく自然に話しかけていたほどです。四八年間も拘禁され続けた袴田さんの苦悩は想像すらできません」

大石は、大金を所持していた知り合いの外国人がその金を強盗で得たことを知り、「日本の警察は甘くない。そんなことしたら捕まるよ」

と、話したことがあった。逮捕された外国人に名前を出されたため、強盗を計画した一味として、大石は強盗の共謀共同正犯とされ逮捕されたのだった。一審法廷で無実を主張したものの、外国人の供述調書が証拠とされ、加えて、反省していないとの理由で、八年の求刑に対し懲役八年の実刑判決。検察官の求刑と同じ判決結果を俗に〝ニギリ判決〟というが、それになってしまった。それはこんな理由からだった。裁判長が法廷で大石にこう聞いた。「反省していますか」。大石は裁判長に意見した。

「反省するもしないも、やっていないことをなんで反省しないといけないんですか。ただ、こういう状況になって、身内に迷惑をかけていることに対しては、それは反省しています。でも、事件に関して反省することなんて一つもありませんよ。バカじゃないの、あんた」

するとと裁判長は「侮辱罪で追訴しますよ」と冷徹に言い放った。

「ぼくと同じように、やってもいないことは反省できず、だから実刑になってしまう人って、案外少なくないんだと思いますよ。袴田さんもそうだと思うけど。ぼくにはそれが、実感として理解できます」

大石は冤罪のまま八年の刑期を全うしたという。

この頃には、収容者同士が拘置所内で言葉を交わすことは固く禁じられていた。風呂の順番待ちで並ぶ際や、鉄格子のついた窓を開けて隣の房の被告人と窓越しに話すことは可能だが、発覚すると「不正連絡」とされ懲罰の対象となる。ただ「掃夫」「衛生夫」と呼ばれる受刑者が新聞や食事を配るとき、

「きょう死刑執行があったでしょ、あいつですよ」

「移監されてきたのは、あの事件の被告」

などと被告人や死刑囚に小さな声で伝えることがあり、所内の動向は意外と把握できるという。情報をもらう礼として、回収する新聞にチョコレートなどをそっと挟み渡すのだという。当時、新北舎三階には永山則夫や大道寺将司、宮崎勤などの確定死刑囚がいた。拘置所内ではラジオを聴くことが可能で、大晦日は特別に「紅白歌合戦」や「ゆく年くる年」が午前〇時過ぎごろまで流れていた。新年の三が日には雑煮や紅白まんじゅうが供され、独居房にもささやかな正月が訪れたという。

「袴田巖はもういない」

袴田の姉・ひで子は面会を拒否されても毎月必ず一回は上京し拘置所へ通っていた。二〇〇三年三月一〇日は袴田の六七回目の誕生日だった。ひで子はこの日、数年ぶりに弟の姿を間近で見ることができた。面会室に現れた袴田は、観察するような目でじっと姉を見つめていた。同行した当時衆議院議員で現在は世田谷区長をつとめている保坂展人《のぶと》が「六七歳ですね」と問うと、

「そんなこと言われても困るんだよ。袴田巖はもういないんだから。神の国の儀式があっ

て、袴田巖は勝利した」

「全世界のばい菌と闘って、死刑制度を廃止した。東京拘置所も廃止され、監獄はなくなった……」

保坂が当時を述懐する。

「袴田さんは自分の世界の中で、監獄や死刑制度を廃止し、また、自分がいなくなることで、袴田巖への死刑を実質的にできなくしてしまったのではないでしょうか。そうしないと自分を保つことができなかったのだと思います」

無実の罪で長く獄に囚われ、裁判にさえ絶望し、信じられるのは自分しかいなくなった。乗り越えることが極めて困難な状況、失意と虚無感の中で神もいなかった。袴田はみずからの存在を、徐々に神の領域に近づけていくしかなかったのだ。このとき保坂は、東京拘置所長から袴田の日常や健康状態についてこう報告を受けている。

「袴田さんはきれい好きで、独房の中もきちんと片付けており、時におかしなことも言うが、普通に生活している」

また一カ月に一度、精神科医の診察があり、「無為な症状ではない。異常な行動もない。異常体験の愁訴もない」ということだった。とはいえ、この日から面会は再び数年に一度の状態が釈放まで続くことになる。一九九五年に提出された人身保護請求の際、精神科医の上野豪志《たけし》は袴田についての意見書でこう所見を述べている。

〈死刑確定後の独居拘禁下にあり、死刑執行の不安と病的不安に苛まれる日々の地獄を生きながら、しかも魂は変わることなく、絶えず悪と闘い、これに打ち克ち、みずからの正義と不滅を信じて止まない〉

東京拘置所は二〇〇三年に改修され、A棟からD棟まで、それぞれ一二階建ての近代的な建物になった。関係者の話を総合すると、袴田が東京拘置所で過ごした最後の一〇年間は、C棟一一階にいた。六六の独居房には、二十数名の死刑囚のほか、東京地検特捜部が扱った事件の被告などが収容されていたという。

第七章　死刑判決を書いた裁判官の告白

2007年、涙ながらに一審死刑判決の内実を語る熊本典道元裁判官

私の事実勝利の念は、孤独を受け入れる時、清められ、深められるものです。確かに孤独は私にとってもせつなく、辛いことですが、無意味ではないのです。忍耐しその中で謙虚に孤独を受け入れてみれば、必ず、はっと気付く深い勝利への意味がわかるのです。

孤独から逃避し、何とか解消しようとあせって、ただ、自分の意志や思惑だけで押し通そうとすると、闘争には空しさやはかなさしか見いだせなくなります。そして虚無主義者となって闘争の真の意義と神秘的源泉にこころを閉ざすことになります。もし絶対に孤独が戦いの源泉であり、神秘を秘めているとするならば、私共の闘争は孤独を知るために今の時期がしたたかな怨みと共にあるとも言えるのでありましょう。何れにしても、冤罪は生きてそそがなければ惨め過ぎるのだ。

（一九八四年一一月一一日、獄中日記より）

四〇年の沈黙を経て覚悟の告白

それは覚悟の告白だった。

二〇〇七年三月九日、衆議院議員会館で行われた「死刑廃止を推進する議員連盟」の院内集会。国会内に数多くある議連の「勉強会」という体裁ではあったが、前代未聞の証言で注目を集めている元裁判官の登場に多くの報道陣が詰めかけ、さながら記者会見場の様相を呈していた。

正面に設えられたマイクが林立する長机で袴田の姉・ひで子の隣に座ったのは、熊本典道元裁判官。このときから三九年を遡る一九六八年九月に自身が下した袴田事件の一審死刑判決について、当時、自分は無罪の心証を持ち主張したが、裁判官三人の合議に一対二で敗れ、意に反して死刑判決を書かざるを得なかったと、あらためて告白した。

〝あらためて〟というのは、この集会に先立つ二月二六日に「報道ステーション」（テレビ朝日系）の番組内で、熊本元裁判官が同様の証言をするインタビューがすでに放映され、大きな反響を呼んでいたからだ。

この日、熊本元裁判官は、

「（当時、判決を下すにあたり）少なくとも今まで出ている証拠で有罪にするのは無茶だと思った」
「私は言ってみれば、殺人未遂犯ですよ。片棒を担ぎかけたんだから」
とも語り、時おりこみ上げる涙に嗚咽しつつ、袴田の無実と、さらには救出に役立ちたいと訴えた。

裁判判決の評議内容について明かすことは、たとえ退官後であっても「評議の秘密」を定めた裁判所法の守秘義務に抵触するおそれもあった。それでも熊本は告白した。約四〇年にわたって沈黙を守り続けていた熊本を一転、この行動に駆り立てたものは何だったのか。

ともに一審を担当した残りの二人、石見裁判長と高井裁判官が他界したことも理由の一つだったという。しかし袴田の一歳年下の熊本みずからが七〇歳を前にして、体力と精神力があるうちにこれだけは言っておかなければならないという思いが募っていた。さらに袴田に謝罪し、まずは獄中から身柄を救け出したいという気持ちで、二〇〇六年ごろから袴田への伝手《つて》を探り始めていた。そして二〇〇七年一月、熊本が出した袴田の支援団体への手紙を契機に、その直後に姉のひで子が福岡を訪ねる形で二人は面会を果たしていた。

熊本はひで子に、涙ながらにこう謝罪した。

「当時、私の力がおよばず、申し訳ありませんでした。袴田君を獄中から何とか救出したい。そして、直接謝りたい」

「報道ステーション」での熊本元裁判官の告白に衝撃を受け、ひで子と熊本を引き合わせた支援団体に熊本へのインタビューを願い出たところ、急遽、三月七日に熊本への取材がセットされることになった。

福岡から上京してきた熊本から指定されたのは大井町のビジネスホテルだった。そこで二時間ほど行ったインタビューでも、嗚咽しながら述懐する姿が印象に残った。

一九六六年一一月一五日から静岡地裁での第一回公判が始まった袴田事件の裁判だったが、熊本裁判官は異動により静岡地裁に赴任し、同年一二月の第二回公判から左陪席（裁判長以外の陪席裁判官二名のうちの次席として主に若手が務め、通常は主任裁判官となる）として審理に加わった。

その第二回公判で罪状認否を再度行ったとき、

「袴田君が『私はやっておりません』とはっきり言った姿が今も忘れられません。そして『被告人を死刑に処す』との判決言い渡しに際して、袴田君がガクンと肩を落とし、頭を垂れた光景。これらが脳裏に焼きついて、一日も頭から離れなくなりました」
確たる物証がないこと、長時間にわたる取調べによる自白の任意性、公判中に捜査とは無関係に発見された犯行着衣とされる「五点の衣類」などに疑問を抱いた熊本裁判官は、三人による合議では無罪を主張。このときすでに無罪判決の下書きを書き上げていた。

「あのときぼくは、被告人の無罪を確信していました。でも結局、他の裁判官を説得できず、三人の裁判官の合議に一対二で負けてしまった。

ぼくはそのときすごく荒れましたよ。知り合いの新聞記者の息子と朝から酒飲んだり芝生で寝転んだりして、何日間も仕事を休みました。

問題だったのは、袴田君への死刑判決を主任裁判官だったぼくが書かなければならないこと。『書けない』と言って裁判官を辞めるか、無理して書くか。二つに一つしか方法がなかった。辞めて裁判官が他の人に代わったら、裁判はさらに一年以上延びてしまう。そして、〇対三になってしまうことは容易に想像できた。どっちが被告人のためになるんだろうと、熟考しましたよ。考え抜いた末に……」

インタビューは、熊本の号泣で何度も中断した。

「他の人に代わって〇対三になることを恐れていました。それで仕方なく書きました。

考えたのは、判決にどう屁理屈をつけるか、ということ。判決の中に『実は（この判決は）違うんですよ』ということを、読む人が読めば理解できるような表現で残しておいたんです。『控訴審の裁判官、わかってください』との思いを込めながら。この事件に関係のない裁判官でしたが、何人かがそれを見抜いてくれた。それがぼくのせめてもの救いになりました……」

大きな批判を巻き起こした「告白」

みずから下した死刑判決に、じつは自分は異を唱えたとする元裁判官の告白は、「なぜ今まで黙っていたのか」というものから「評議の秘密を冒すものだ」という遵法論まで、さまざまな批判に晒された。それでも熊本は堰を切ったように積極的に取材を受けるなど行動を止めなかった。

その後、熊本は六月二五日付で第一次再審請求を審理中の最高裁判所第二小法廷（今井功裁判長）あてに一審の担当判事として「無罪の心証を持っていた」との異例の陳述書を提出した。

〈公判当初より、私は、袴田巖被告人は無罪であるという心証を持っていましたが、合議の結果、他の裁判官を説得することが出来ず、主任裁判官として死刑判決を書かざるを得ませんでした。しかし、良心の呵責に耐え切れず、翌年裁判官の職を辞しました。控訴審で無罪の判決が出るものと期待しておりましたが、それも叶わず、袴田巖さんがいまだ獄中に囚われていることは、断腸の思いです〉

と今回の告白に至った積年の苦衷から説き起こし、

〈裁判官のみなさま、私はこの三九年間、有罪判決を書いてしまった責を背負ってきました。その重さに耐えかねて、何度か死を選ぼうとしたこともあります。しかし今は、いまだ再審の実現していない袴田巖さんのため、少しでも私に出来ることがあれば、残された年月をかけて償いたいという思いでおります。原審判決が以上のような事情で書かれたことをご理解いただき、袴田巖さんの再審を開始していただけますよう、切に切にお願い申し上げます〉

と再審の実現を訴えた。

さらに東京拘置所へ何度も面会に訪れたが、確定死刑囚は親族や弁護人以外の面会が認められていないため、獄中にいる袴田への直接の謝罪が実現することはなかった。

苛まれ続けた人権派判事の四〇年

熊本元裁判官は袴田への死刑判決の翌年、一九六九年に裁判官を退官して弁護士へ転身した。その理由はもちろん、この判決にあった。万が一、袴田が処刑されるようなことがあったら……。そんな恐怖と良心の呵責に苛まれ続けた。

とくに一九七六年五月に東京高裁（横川敏雄裁判長）が控訴棄却すると、「無実の男を獄中に放り込んでおきながら自分は仕事でも家庭でも恵まれた人生を送っている」との罪悪感から酒びたりになり、自暴自棄の不安定な日々を送った。二度の離婚で家族関係も崩壊し、アルコール使用障害、うつ病、肝硬変を患いながら、弁護士登録も抹消。生活保護を受けたり、ホームレス状態に陥ったりしたこともある。常に、「袴田巖」が頭から離れなかった。

俊秀が多かった司法修習一五期（一九六三年修了）の同期として熊本元裁判官と机を並べ、現在は弁護士の木谷明元裁判官は、任官した東京地裁刑事一四部で熊本と一緒に仕事をした。

「熊本君は司法試験の筆記をトップで通過したものの、口述試験で試験官を言い負かしてしまい落とされたという逸話を持つ大秀才なんです。人権感覚に非常に秀でた男で、ともに仕事をした東京地裁では、検察からの勾留請求で僕は二割くらい却下したけど、彼は三割を却下、イチローさんの打率並みでした。ただ、それだけ人権感覚に優れてしまうと、他の裁判官と考え方のギャップが大きくなりすぎるんですね。同期の会に来ても『袴田巖が死刑になってしまった……』と盛んに言って気にしていました。彼の説明を聞いて、僕はその通りだと思いましたよ」

続けて木谷は、裁判官の本分について厳しい口調で語った。

「起訴された刑事事件の有罪率九九パーセント以上の中で、無実と思われる人を無罪にする。これこそが刑事裁判官がなすべきことなんです。検事の言うとおりに審理を進め、求刑を多少削って判決を下す。そんなのは裁判官の仕事じゃないですよ。この被告人は本当は犯人ではないのではないか、という目で記録を精査し、少しでも疑問が生じれば無罪にする。起訴された以上有罪だと思っている裁判官は多くいるんです。何のために裁判官になったの、無罪を見抜けなければ裁判官の意味がないじゃない、と言ってやりたい」

第八章　再審開始決定

2014 年、画期的な「村山判決」を報告するひで子と西嶋弁護団長

自由という言葉ほど懐かしく眩しいものはまたとない。(中略)私が長い獄中生活で学ばざるを得なかった「自由」というものは、このような痛烈な無念さと一種の眩しさをもっている。私はあらためて自らに質問しつづけている。お前は罪のない身でありながら、いつになったら自由を取り戻せるのか? ああ、もはや四五歳という年にもかかわらず、私は明日だと答えることができぬ。何が私をして「明日」だと堂々と答えさせなくさせているのか。何が私の自由を凶暴に踏みにじっているのか。(中略)

私はすべての権力者に向かってこの質問を投げかけるのだ。いつまで無実の明らかな私の自由を踏みにじるのかと。私は正義に生きる者である。

(一九八一年一一月二九日、獄中日記より)

再審開始と刑の執行停止を決定

獄から解かれたのは突然だった。逮捕されたとき三〇歳だった青年は、四八年ものあいだ幽閉され続け、七八歳になっていた。

二〇一四年三月二七日。静岡地裁（村山浩昭裁判長）は袴田巖の第二次再審請求につき、再審開始を決定。

「これ以上拘置するのは耐え難いほど正義に反する」

として死刑執行の停止とともに拘置の停止も認めた。確定死刑囚が再審で無罪判決を受けたことは過去四例あるが、再審開始決定から再審無罪確定までの数年間はいずれも拘置されたままだった。日本の裁判史上初めて、死刑囚の身柄が再審開始決定と同時に確定死刑囚の立場のまま釈放される。これは袴田の無実の蓋然性が極めて高いことを複数の裁判官が判断したということに他ならない。

この日、午前一〇時前。静岡地裁の正面玄関前には支援者や報道陣ら二〇〇名超が詰めかけ、興奮に包まれていた。袴田の姉・ひで子と弁護団の西嶋勝彦団長、小川秀世事務局長はすでに地裁の会議室にいた。女性書記官から手渡された決定書。かなりの厚みがある。ひで子が振り返る。

「その瞬間、棄却かもしれないと思いました。決定書は裁判長から渡されると思い込んでいましたし、ページを繰っていってもなかなか『再審開始』の文字が見えてこなかったからです」

ひで子も弁護団も再審開始については期待と不安が五分五分だった。これまでの裁判の経緯や第一次再審請求が二〇〇八年に最高裁に棄却されていたこと、他の冤罪事件の再審開始が困難を極めていることが身に染みていたからだ。

「巖の犯行を誰か見ていたというのか」

そんな言葉をひで子はこれまで何度も呑み込んできた。袴田が逮捕されてから半世紀近く、ひで子が法廷で発言したことは一度もない。しかし三カ月前の二〇一三年一二月一六日、静岡地裁から意見陳述をするよう求められていた。裁判官に直接訴えることができる最初で最後のチャンスと思われた。非公開の法廷ではあったが、やや緊張しながら会釈をしたとき、弁護士から「しっかりと、大きな声で」と指示されていたことを思い出した。そして、こう訴えた。

〈弟巖は無実の罪で四七年間獄中におります。すでに七七歳となり、心身ともに心配な状況にあります。ここ三年間誰とも面会を拒否しています。私は巖の心がよくわかります。まったく身に覚えのない罪で、死刑囚として捕らえられ、死刑執行の恐怖に耐え続けたことから、「裁判は終わった」「ここは刑務所ではない」等々と、自分だけの世界に逃げ込み、心を閉ざしているものと思います。私は、巖がこの場に来て話してもらえる

ことが一番だと思います。しかし今、巖は体調が悪くここには来られません……〉
ひで子は、事件のあった日の様子や、面会時に袴田から聞いた酷い取調べ、じつにおよそ半世紀にわたる闘いを縷々《るる》語りこう結んだ。
〈この四七年間、盆も正月も祭りもなく、ただひたすら巖の無実を晴らすために一生懸命頑張って参りました。ＤＮＡの鑑定結果、弟は犯人でないことがはっきりしました。何か肩の荷が下りたような気がします。弟巖を生きて私の手元に迎えることだけを考え、ただただひたすらに生きて来た私のこれまでです。巖にとっても私にとっても取り戻すことのできない四七年です。巖は固く心を閉ざしながらも、必死で生きるための闘いをしていると思います。その反対側では、張り裂けんばかりの無実の叫びであふれかえっていることと思います〉
静岡地裁の村山浩昭裁判長は、その二週間前、東京拘置所に赴いていた。収監されている袴田の意見を聴取するため面会を求めたのだ。袴田が拒否したため面会は実現していないが、ひで子の意見陳述や袴田への意見聴取など、こうした一連の動きはそれまでの裁判にはなく、再審開始への機運が高まっていると見る向きもあった。年が明け再審の可否が決まる直前、三月一〇日は袴田の七八回目の誕生日だった。この日、ひで子は東京拘置所に出かけた。面会は叶わなかったが、そのとき山は大きく動いていた。

想定外の〝即日釈放〟

静岡地裁で決定書をめくっていた小川弁護士の手が突然止まり、

「再審開始」

と叫んだ。同時に弁護団の関係者が走る。支援者の前に「再審開始」と書かれた垂れ幕を掲げた。地裁前の興奮は最高潮に高まり、支援者たちからは一斉に「バンザーイ」「やったぞ」などと歓喜の声が上がった。

そのころ東京・霞が関の弁護士会館で待機していた弁護団の戸舘圭之《とだてよしゆき》弁護士にファックスが送られてきた。

「本件再審を開始する」

この一行を見た瞬間、驚きと感動で震えたという。戸舘弁護士はその日の午後、東京拘置所一〇階の面会室で、急遽上京したひで子とともに袴田と向き合った。アクリル板越しに決定文を見せながら興奮した口調で言った。

「袴田さん、ほら見て。再審開始決定が出ましたよ」

「そんなもん、知らん。そんなこと、嘘だ。ありゃせん。再審は終わっている。ここにいても何一つ不自由はない。嘘ばかり言ってるのなら帰ってくれ」

袴田はにべもなかった。ひで子は「また来て理解してもらえばいい」と、そのとき考えていた。その後、拘置所職員に一階応接室へと案内され言われた。

「荷物が段ボール箱一一箱ありますが、着払いでお送りしていいですか。それと、靴がないようなのでお貸ししますが、使用後はすみやかに返却するようにしてください」

何を言っているのか、ひで子には分からなかった。すると、紙袋を手に提げた袴田がいきなり現れポツリと呟いた。

「釈放、された……」

この日の村山決定は確かに「拘置の停止」を決めたが、即日釈放されるとは誰も思い至らなかった。驚いたひで子はすぐに、目の前にいる弟の手をしっかりと握り、その感触を確かめていた。すると職員が、

「退庁時間の五時までに出てください」

と事務的に告げた。無実の弟を四八年間も拘禁しておきながら「着払い」「早く帰れ」

とは一体――。ひで子は瞬間そう思ったが、温かみのある袴田の手を再び掌中に収め言った。

「やっと出てきたね。お帰りなさい」

毎日毎日、幾万の人が口にする「お帰りなさい」の言葉。ひで子が発した「お帰りなさい」はその中でも最も美しく、多くの人が待ち望んだ「お帰りなさい」であったろう。

史上初の確定死刑囚釈放

じつはこの直前、静岡地検の検事名で記された「釈放指揮書」が、東京拘置所長に届けられていた。

〈次の被告人を下記事由により直ちに釈放されたい〉

そこにはこう記され、袴田の氏名とともに、〈死刑による拘置の執行停止決定〉という釈放事由が書かれていた。

刑訴法四四八条二項には、〈再審開始の決定をしたときは、決定で刑の執行を停止することができる〉とある。

死刑囚の場合、「死刑の執行停止」が「刑の執行停止」にあたり、死刑執行のための拘置については規定がない。そのため地検は、即日釈放という地裁の衝撃的な決定に対し、職権で拘置を続けるよう異議を唱えたが退けられ、釈放を指示せざるを得なくなったのである。異例ともいえる確定死刑囚の拘置の停止と釈放が、史上初めてここに実現したのだ。

静岡地裁の村山浩昭裁判長は、再審開始決定書にある「当裁判所の判断」の項においてこの「執行停止」について触れ、釈放についてその理由を述べている。

〈再審を開始する以上、死刑の執行を停止するのは当然である。さらに、当裁判所は、刑事訴訟法四四八条二項により拘置の執行停止もできると解した上、同条項に基づき、裁量により、死刑（絞首）のみならず、拘置の執行をも停止するのが相当であると判断した。

A（袴田）は捜査機関により捏造された疑いのある重要な証拠によって有罪とされ、極めて長期間死刑の恐怖の下で身柄を拘束されてきた。無罪の蓋然性が相当程度あることが明らかになった現在、Aに対する拘置をこれ以上継続することは、耐え難いほど正義に反する状況にある〉

英断であっただろう。

当時五七歳だった村山裁判長は、福島地家裁いわき支部長や東京地裁部総括判事などを歴任。これまでに、秋葉原無差別殺傷事件やタレント・酒井法子の覚せい剤事件などに携わってきた。二〇〇九年一一月九日、村山裁判長は東京地裁で酒井法子に有罪判決を言い渡した後、

「あなたは長い芸能生活で、ドラマや映画でさまざまな役を演じてきましたが、残念ながらこの事件と裁判は現実です。事件の重みを今後実感することになります。この重みに負けないで、薬物を完全に断ち切って更生することを望みます」

と説諭した。さらに、

「自分が受けた主文を、もう一度言ってみてください」

と語りかけ、ドラマではなく現実であることの重みを認識させた。

「懲役一年六カ月、執行猶予三年……」

「くれぐれもその主文を忘れないでください」

また村山裁判長は二〇〇八年、秋葉原で七人を殺傷して殺人罪などに問われた加藤智大の一審も担当している。

「多くの生命を奪って刑事責任が最大級に重いことは明らか」

として、求刑通り加藤被告に死刑を言い渡している。

二〇一二年、村山裁判長は静岡地裁に着任。袴田事件の再審開始決定を出す前年、二〇一三年一一月には、覚せい剤取締法違反で起訴された男性の一審で、静岡県警の捜査員が男性に対し暴行を加えるなど、違法な捜査があったことを認定。無罪判決を言い渡した。その判決理由において、警察官が男性を殴打し傷害を負わせた事実は、〈疑いの域を超えて、事実として認定することができ〉るとし、さらに、違法な逮捕、弁護人選任権を侵害した疑いがあると判示した。こうした警察の違法な捜査を厳しく批判、違法捜査によって得られた証拠には証拠能力がない、として無罪判決を下したのである。

「遅ればせながら帰ってまいりました」

およそ半世紀の時を経て塀の外に姿を現した袴田は、不思議そうに目を動かし周囲を一瞥したが、表情を変えることはなかった。この時、国内にいる確定死刑囚は一三三人。そのうち約七〇人が東京拘置所に拘置されていた。袴田が四八年ぶりに外の空気を吸ったことで、この時点で収監されている確定死刑囚が一三二人、娑婆に一人となった。

袴田は都内のホテルで一泊後、東京の病院で二カ月、故郷・浜松の病院に転院して一カ月ほど入院し、以降は現在まで、姉・ひで子の自宅で静かな日々を送っている。やっと故郷に帰ることができた。やっと家族の元へ戻ることができた。

浜松で入院中の二〇一四年六月二六日には、病院から外出許可を得て、在所へ四八年ぶりの里帰りを果たした。真っ先に仏壇の前へ進んで行き、両親の写真の前で手を合わせて言った。

「袴田巖、遅ればせながら帰ってまいりました」

あまりにも長期間、これ以上ないというほどの恐怖と対峙してきたためか、このころ袴田の顔に喜怒哀楽の色が浮かぶことは少なかった。感情を失ってしまったのか。だが、同行した支援者の安間孝明が、

「ようやっと里帰りができましたね」

と問うと、しっかりと答えた。

「ええ、やっとね。……ここが遠くて、面目を立てることができなかった」

虚偽の自白を強要され、テレビで「袴田、自供」とのニュースが流れた際、

「世間を狭くして生きていくしかないね」

袴田の母はこう呟いたという。母は一審のほとんどを傍聴したが、一審の死刑判決直後に体調を崩し一九六八年、六八歳で旅立った。父もその半年後に亡くなった。

「面目を……と言った巖さんの言葉は、ご両親への気持ちを指しているのではないでしょうか」

安間はそう語った。

二〇一四年三月以降、再審開始決定に対する検察の即時抗告によって高裁での審理が続いていた。この頃、始まる気配すら見せない再審に対して苛立ちを見せることもなく、ひで子は毅然とした口調で言っていた。

「巖を取り戻すまで四八年も待ってたんだで、この二年や三年くらい、どうってことはありゃせん」

第九章　姉・袴田ひで子

ひで子の明るく動じない姿勢が、長い闘いに安定感を与えてきた

私がこの日本国で覚える名誉のなかで好いと思っている最後のものは、一応は人々に自由が存在するということである。ただし、今の私には最後のそれすらも奪われている。「皆さんに年賀状も出せないの……」と語尾をくもらせた姉たちのうなだれた姿と、その言葉にこめられた痛烈な悲哀を、私はどうしても忘れることができない。人が存在を放棄できない以上、人的に思考する能力もまた放棄できるものではない。今日の最も暗部で生きる私の不運は、権力利己に対する不信だ。

（一九八一年一二月二〇日、獄中日記より）

世間と関わりを絶ち、息をひそめる生活

二〇一七年七月一三日、浜松市の総合病院。病棟のベッドの上に袴田巖がいた。額の瘤や裂傷、青黒い痣《あざ》などが、まるで激しい戦いを終えたばかりのボクサーのようだ。複数ある足の傷も痛々しい。

この日の昼過ぎ、日課の街歩きの途中、自宅近くの石段で十数段の高さから転落、通行

人の通報によって救急搬送されたのだ。点滴を打たれ普段よりは弱々しい表情を浮かべたが、心配する支援者の問いに「跳び損ねた」「痛くはない」と説明したという。幸い大事に至ることはなく、翌日の早朝、病院に泊まりこんでいた姉・ひで子とともに病室を抜け出し付近を散策、看護師に注意されたほどだった。ひで子は、

「連絡を受けたときは、交通事故に遭ったのかと思いました。でも、このくらいどうってことはない。入院翌朝には『腹が減ったな。ご飯はまだか』って言って、朝食もペロッと平らげたほどですから」

と、いつものように明るく高い声で笑い飛ばす。この半世紀、袴田の心に寄り添い、向き合ってきたのがひで子だった。

事件が起きたのは、ひで子三三歳、袴田三〇歳のときである。

「事件後数日で『重要参考人H』『血染めのパジャマ発見』などと新聞に書かれましたが、私たち家族は巖を疑ったことは一度もありません。弟の無実を信じていた。事件後の週末に巖が実家へ戻ってきたときも、おかしな様子はまったくありませんでした。四人も殺す大事件を起こして、何食わぬ顔をしていられるような弟ではありません。そのときにはす

でに、警察の尾行がついていたようです」

一カ月半後の八月一八日、袴田は逮捕される。当時をひで子が振り返る。

「逮捕当日、家族それぞれの家に家宅捜索が入りました。令状には『強盗殺人袴田巖』とあり、なんだこれはと驚いたことを憶えています。口裏合わせができないよう、家族は異なる警察署に連れていかれました。私は浜松中央警察署で、朝七時から夜七時まで取調べを受けましたが、証拠になるようなものが出るわけがない。でも、嵐のような報道があって家から出られない状態が続きました」

直接の誹謗は受けなかったものの、陰口は耳に入ってきた。袴田が逮捕されたときの新聞記事の切り抜きが、差出人不明で郵送されてくる悪質な嫌がらせも一度や二度ではなかった。親類の縁談が破談になりかけたこともあった。

ひで子はみずからを隔離するようにして、世間との関わりを絶った。当時、社宅が会社と同じ建物にあったため、廊下を通って出勤。夜遅く、人目を避けて買い物に行く。それ以外は一切外出せず、息をひそめるようにして生活をしていた。

それでも耐えられず、アルコールの力を借りたこともあった。ウイスキーのお湯割りを浴びるように飲んでいた。ふと夜中に目が覚めると、「巖は今ごろ、どうしているんだろう」と、その姿が瞼の裏側に浮かんでいたという。

「巖の支援は親孝行のつもりでもあるんです」

一審で死刑判決が出た直後の一九六八年一一月、母・ともが亡くなった。六八歳だった。裁判をほとんど傍聴していた母は、病床でこう言っていた。

「巖はだめかいね、だめかいね……」

逮捕翌年の一九六七年二月、袴田は母へ切々と訴える手紙を綴っている。

〈お母さん、僕の憎い奴は、僕を正常でない状態にして犯人に作り上げようとした奴です。神さま。僕は犯人ではありません。僕は毎日叫んでいます。ここ静岡の風に乗って、世間の人々の耳に届くことを、ただひたすらに祈って僕は叫ぶ。

お母さん、人生とは七転八起とか申します。最後に笑う人が勝つとか申します。また皆さんと笑って話すときが絶対に来ます〉

母を間近で見ていたひで子には、子を思う女親の熱量が痛いほど伝わってきた。母の死後、弟の支援に深く関わり出したと語る。

「私たちが大変な思いをしているくらいだから、母はどれだけ辛かっただろうと思いました。大した親孝行をすることができなかったし、だから、巖の支援をしているのは親孝行のつもりでもあるんです」

一九七六年、東京高裁で控訴が棄却された。落胆の空気が流れる閉廷直後のことだった。

「裁判が終わると巖は、すぐに法廷から連れ出されていきました。傍聴席にいた私は一番前まで駆けて行って声をかけようと思ったけれども、さすがにできませんでした。でも巖と目が合って、心の中で『もう少しだけ待っていて。必ず無罪を勝ち取るから』と言ったんです。それが、拘置所のアクリル板を通さないで直接会った最後でした」

死刑が確定した一九八〇年。前述のように、その後しばらくすると袴田の様子が変化した。「私は全知全能の神」などと言い、面会も拒否するようになる。死刑の恐怖に直面したのだろうか、自分の世界にこもるようになったのだ。ひで子はそれでも毎月一回、必ず浜松から東京拘置所へ通うことをやめなかった。袴田に会えなくても、顔を見ることが出来なくても、彼の無罪を信じて待っている家族がいることを示し続けていた。

「結果はどうあれ、前に進むことが大事」

支援者や弁護団の努力もあり、犯人のものとされる血痕のＤＮＡ型が袴田のものと一致しないとする鑑定結果が出たのは、第二次再審請求中の二〇一二年四月のことだった。

「事件と巖が無関係とわかって、肩の荷がふっと軽くなりました」

それ以降、ひで子の表情はそれまでより格段に明るくなり、よく喋るようになった。

この半世紀、心なき中傷や社会の無関心に追い詰められそうになったことは何度もあった。にもかかわらず、街頭や集会に立ち訴えてきた。その原動力はどこから湧いてくるのか。

「家族はみんな『うちばかり、なんでこんな災難が降ってくるのか』と苦しんだけれど、あるときから『どこの家にも災難はあるもの』って、自分に言い聞かせてきたの。よその家には別の災難がある。だから、私たちも悲しんでばかりはいられない。そう考えて、前向きに生きてきたのよ」

獄中で孤独を憂えていた袴田には、袴田に勝るとも劣らぬ姉の明確な意志の力が存在していたのである。

袴田は階段から転落した今回の入院をたった一泊で切り上げ、退院した翌日から日課のロードワークに出ている。ある支援者が言う。

「巖さんは、今もなお闘い続けています。闘いは終わっていないのです」

その闘いを見届けようとしている支援者たちは今、事故等を警戒して袴田の「見守り隊」を結成、毎日交代で袴田に同行、結束を固めている。そこからはただならぬ熱を感じる。

この時、再審開始決定を不服として検察が起こした即時抗告審では二〇一七年九月にDNA型鑑定について専門家二人への鑑定人尋問が行われ、結審を目指していた。その行方は予断を許さず、再審開始決定が覆される事態になった場合、袴田は再び収監されるのではないかと危惧する声も多かった。

ひで子は、ささやかな心情を吐露する。

「結果はどうあれ、前に進むことが大事なんです。ただ、このまま巖と二人、静かに穏やかに暮らしていきたい。せめて巖の最後だけは、自宅の畳の上で死なせてやりたい」

第一〇章　冤罪の原点

監獄の庭にある紫陽花が枯れそうであったが、この雨で生気がでるであろう。明日が楽しみだ。私が存在し真理を叫び今日まで生きてこられたのは、誰かの愛があったからだ。そして今現に生きているのも誰かの愛があるからである。もし、人生から愛を根こそぎ取り去ったら、生きるに価する何ものも残らぬ。

（一九八二年六月一四日、獄中日記より）

私は時に思うのだが、監獄の狭い運動場では十分に走れないので、せめて、百メートル位の距離でよいからめいっぱい走りたい、と。

私が自由を勝ち取ったならば最初に叶えるのがこの果て無い夢であるに違いない。肩と股で風を切って走る。想像しただけで全身がうずくのである。

（一九八四年六月一八日、獄中日記より）

紅林警部補の手法を受け継いだ静岡県警

〈おはるは、元気で頑張りました。六月一一日に退院することになりました。ひで子さんの「負けてたまるか」の言葉を肝に銘じて、放射線治療二〇回、副作用にも耐えることができました。巖さんの力になりたい、と思う私の心と、それ以上に、私も皆さまに支えられている、ああ一人ではないと感じ、とても嬉しく頑張ることができました。これからも一歩ずつ、生きていきたいと思います〉

八〇歳を迎えたばかりの須藤春子（二〇二三年五月没。享年八五）は、腫瘍治療などのため二〇一七年四月から入院していたが六月に退院、袴田とその支援者にメッセージを寄せた。二年前の二〇一五年六月、袴田の支援集会が浜松市で開かれることを知った須藤は、少しでも役に立ちたいと出席。それまで封印していたみずからの半生を、呪縛から解かれたように語った。

須藤は若いころ、辛い日々を過ごした末に世をはかなんだことがある。たまたま通りがかった男性によって一命を取りとめた。後に夫となる人物だ。

「主人は結婚前、ある事件の犯人として死刑判決を受けました。その後、無実は証明されましたが、それでも世間から白い目で見られるなど大変な思いを強いられました。私は親兄弟との縁を切って結婚したのです。以来、獄中での苦労が少しでも癒されるように、一生懸命尽くしました。主人は七年前に亡くなりましたが、幸せな四〇年でした。そうした中をくぐり抜けてきて、袴田さんとひで子さんの大変さを思うと、心がとても痛んで……。どうしても、じっとしていることができませんでした」

終戦間もない一九五〇年一月、静岡県磐田郡二俣町（現在の浜松市天竜区二俣町）で一家四人の惨殺事件が起きた。逮捕されたのは一八歳の少年、須藤満雄だった。「二俣事件」である。捜査段階で満雄は自白の強要に耐え兼ねいったん自白したものの、公判では一転して無実を主張。一審は死刑判決、二審も棄却。しかし最高裁は、

「これを破棄せざればいちじるしく正義に反す」

と、死刑判決を破棄し審理を地裁に差し戻す。無罪が確定したのは逮捕から八年後だった。二俣事件は、死刑判決を受けた被告が、逆転で無罪判決を勝ち取った戦後初めてとなる冤罪事件である。

満雄はなぜ、虚偽の自白をしたのだろうか。捜査を主導したのは、当時の国家地方警察（国警）の紅林麻雄警部補。紅林は拷問で自白を強要、供述調書を取っていたのである。

弁護士の清瀬一郎が著した『二俣の怪事件』によると、二俣署の土蔵で〈頭の毛を纏めてつかみ、最後に振り回し、頭を拳骨で殴った〉とあり、満雄は日に何度か気絶したことが記されている。杜撰《ずさん》な捜査で確固たる証拠がなく、自白に頼らざるを得ない。その供述調書が死刑判決の根拠とされる。捜査側に不利な証拠は隠し続ける。袴田事件とまったく同じ構図が透けて見えてくることに慄然とする。

戦後間もなくの一時期、難事件を次々と解決し名刑事の誉れ高かった紅林。実は、誤った心証に依拠し、強引に自白を得ていたことが明らかになっている。二俣事件のほか、幸浦事件（一九四八年）や小島《おじま》事件（一九五〇年）、島田事件（一九五四年）など、死刑や無期懲役判決が下された静岡県下での多くの事件を紅林は拷問で解決したが、後にすべて逆転無罪が確定している。これらによって、静岡県は冤罪のデパートという不名誉な呼ばれ方をした。

袴田事件発生時に紅林はすでに泉下の人となっていたが、その強引な手法は静岡県警に伝統として受け継がれていたのである。

二〇〇八年、亡くなった満雄を湯灌していた須藤は、拷問の痕と思しき背中の複数の傷を見つけ「そういうことか」と呟いた。満雄は生前、妻に極力背中を向けないようにしていたのだ。

袴田やひで子の知己を得た須藤は、袴田の次姉・やゑ子から六〇年以上も前のこんな話を聞いたことがある。

「ちょうど二俣事件の後、二俣署の近くを通りかかったことがあるの。土蔵から怒鳴る声と悲鳴を聞いてびっくりしたことを憶えています。尋常ではない大声だったので、はっきり記憶しています。あれが須藤さんだったのね……」

身に覚えのない罪を着せられ、家族が死刑を宣告される苦悶。それを現実として経験してきた須藤は、だから毎日祈り、できる限り寄り添っていく。ささやかな光が袴田の歩む道を照らす。同時にそれが、須藤の希望の蕾《つぼみ》となる。

袴田は釈放以降、事件や取調べ、裁判について多くを語らない。しかし二〇一四年の後半、死刑廃止などについて積極的に発言した時期がある。同年一一月に島根県宍道湖畔で行われた死刑制度に関するイベントで、力強くこうあいさつした。

「一度罪を認めると、どこまでも犯人にされてしまい、死刑にされてしまう。あとで否認してひっくり返そうと思っても、それはなかなか認められず、死刑を回避することはできない。どこまでも犯人にされ、死刑がどんどん進んでしまう。そういう死刑制度はあってはならない」

死刑については、一九八〇年の獄中日記にこんな記述もある。

〈確定囚は口をそろえて言う、死刑はとても怖いと。だが、実は死刑そのものが怖いのではなく、怖いと恐怖する心がたまらなく恐ろしいのだ。この懊悩、苦悶からくる苦痛は、ただの死という観念からくる苦痛と全く異質のものなのであるようだ〉

袴田の内面の粟立つような情感が想起され、波動として伝わってくるような言葉だ。

獄中で「めいっぱい走りたい」と将来の自画像を描いていた通り、袴田は釈放後の一時期、二時間ほどのロードワークを欠かさなかった。思いのままの場所に赴き、好きなときに立ち止まる。時おり空を見上げる。自由に虚空と会話を交わす。変容した半世紀と自己の内面を交差させながら走り続けているかのようだ。

第一一章　リングの中は、嘘がない世界

釈放後ひと月半で後楽園ホールのリングに立つ

冤罪と闘ったボクサーの同志ミスター・ハリケーン・カーターへ

（中略）

カーター氏よ！　ともかく晴れてよかったね。おめでとう！

さてカーター氏よ！　長い獄中生活の中であなたはボクシングへの情熱を忘れたことはなかったでしょうなぁ！　あなたも私もとても似たボクシングに対する情熱を堅持していたことでしょう。まさにその闘魂があなたの無実を晴らす立派な原動力であったことは疑いありません。

私も正義の人の輪に力を得て、アメリカ国民に劣らない日本国民の愛と英断を信じて、あなたに続くために最善を尽くします。どうかあなたに等しいこの私の境遇の誼《よしみ》で、今後の私どもの冤罪闘争をご支援下さいますよう心からお願い申しあげます。

（一九八九年三月二一日、ルービン・ハリケーン・カーターあて書簡より）

同年に起きた〝ハリケーン〟カーター事件

ボブ・ディランの名曲『ハリケーン』にこんな一節がある。

〈警察に罪を着せられた男／自分では何もしていないのに／監獄にぶち込まれた男／世界チャンピオンになれたのに〉

〈魚が泳ぐせせらぎや新鮮できれいな空気／そんなものが好きなんだ／そんなルービンを監獄にぶち込んだ／人間をねずみに変えてしまうあの場所に〉

〈この世の地獄を生きる無垢の男／これがハリケーンの物語／潔白が証明され自由になるまで続く／失った時間を取り戻せ／彼は今独房の中〉

一九六六年六月、袴田事件が起きた同年同月に、アメリカ・ニュージャージー州で三人が射殺された。逮捕され終身刑を宣告されたのは、元世界ランク一位の黒人ボクサー、ルービン・ハリケーン・カーターだった。当初から冤罪の可能性が強く指摘されていたこの事件。背後に存在したのは、根強い人種差別だった。白人ばかりの陪審員は、検察の有罪主張に同意。しかしカーターは無実を訴え、それが公民権運動と連動し市民デモが起こった。ボブ・ディランはカーターと面会した上で、名曲『ハリケーン』を書いた。やがて、検察によって隠蔽されていた新しい事実が発掘され、一九八八年にカーターは一九年ぶりに自由を勝ち取った。

同じ時期に、同じプロボクサーが、同じような事件に巻き込まれ、そしてカーターは無実が証明された。雑誌の記事で彼の苦闘を知った袴田は、勇気づけられた。二〇一四年四月、袴田が釈放されて一カ月後、カーターはがんで七六年の波乱の生涯に幕を閉じた。しかし、カーターはその最晩年、袴田の釈放を知り理解していたという。

袴田にも再審開始のゴングが鳴ろうとしていた。袴田と国家権力との闘い。一九八一年に再審を求めてからリングインするまでに、幾星霜を要したことだろう。半世紀を超える長い闘いと労苦、常に死を背負い続けながらその恐怖に打ち克つことができたのは、袴田がボクサーとして培ってきた「何者にも負けない」という、カーターと同様の精神力を身体に刻み込んできたからに他ならない。

後楽園へ帰り、名誉チャンピオンベルトを授与される

引退から半世紀以上が過ぎた二〇一四年五月、袴田は後楽園ホールのリングに戻ってきた。現役のチャンピオンたちがリング上に居並ぶ中、青コーナーから上がった袴田は四八年の勾留の末釈放されたことが紹介され、四月に世界ボクシング評議会（ＷＢＣ）から授

与された名誉チャンピオンベルトを腰に巻き、四方に挨拶をした。このベルトは世界で二人にしか与えられていない。袴田の前は、ルービン・カーターだった。

姉のひで子によるとこの日、まだ東京で入院中だった袴田は外出届に「後楽園へ帰る。袴田巖」とみずから記したという。

六月に故郷の浜松に戻り、翌二〇一五年にかけてはやや静養していたが、春過ぎからは毎日のように外出していた。浜松の街を多いときには一〇キロ以上歩き続けている。ひたすら歩を進めるその姿からは、言われなき汚名を返上する強い意思が伝わってくるようだった。

二〇一四年の大晦日、テレビで恒例のボクシングの世界戦を観戦。翌日その感想を訊ねると、それには答えずこう言った。

「ボクシングはね、嘘がない者が運営している。ボクシングは、負けた者が本当はこっちが勝ったなんていうわけがない。強い弱い、正しい正しくないがはっきりしているリングの中は、嘘がない世界。正しい世の中が存在しなきゃしょうがない。嘘がなくなるほかないんだな」

野に放たれた袴田の魂の息吹を感じさせるリベンジマッチに対し、検察側はどう対峙し、高裁はどうジャッジするのか。そして法廷の中は、嘘のない正しい世界なのか。検察や裁判所のみならず、日本の司法と社会そのものの力量が問われている。

第一二章　鑑定意見書が暴く調書の「偽装」

無実の袴田が獄中一一年半余という合法的謂われなき、この権力の暴挙をどうして許せようか。この暗黒のデッチ上げ裁判死刑弾圧をつづけさせることがどうして出来ようか。本件の司法殺人大暴挙に、心ある人民の怒りは心底から煮えたぎっている筈だ。獄中の私の血の叫びはどこまで届いているだろうか。不条理の下で操作された本件有罪判決に対する、私の怒りは胸はりさけんばかりである。(中略)本件のどす黒い体現、暗黒デッチ上げ裁判粉砕のために、必要な全てを直ちに遣《や》(って)退《の》けなくてはならない。一日も早く、一刻も早く晴《ママ》天白日無実の私は正義に守られて共に勝利せねばならない。つまるところ横川判決(控訴棄却)は外部にも内部にも弁解の余地は全くない内容の決定的産物だ。(一九七八年三月一三日、支援者あて書簡より)

録音テープ四六時間分を専門家が分析

積み重なるいくつもの地層の中に、袴田巖は閉じ込められてきた。改竄と偽装と偽証という不正義の地層の奥に。

〈証拠を「改竄」して、真犯人らしく「偽装」し、さらにはそれに基づいて公判廷で「偽証」するという不正が、単に個人の行為としてではなく、組織としてなされたと言わざるをえない。このことが今回開示された録音テープの分析、検討から明確に証明された。これはきわめて衝撃的な事実であって、このことが露呈してしまった以上は、もはやこれを看過することは許されない〉

警察と検察が組織ぐるみで、袴田巖を犯人に仕立て上げた——。右記のように強く指弾するのは供述心理学の第一人者、奈良女子大学名誉教授の浜田寿美男だ。袴田弁護団から委託を受けた浜田は二〇一七年九月、「袴田事件取り調べ録音テープについての鑑定意見書」を提出した。

これは、袴田が逮捕された一九六六年八月一八日から一〇月一八日までの取調べを、二〇一五年に開示された録音テープ四六時間分をもとに、心理学的に分析したものである。四〇〇ページを超える委細な鑑定意見書は、袴田が否認から自白へ転じる過程を克明に解析。その結果、袴田の供述は、犯行の体験者がその体験を語ったものではない、つまり「確定判決の判断を維持できない」と結論づけているのだ。

終始一貫して否認を続けていた袴田が一転、自白に落ちたのは、逮捕から二〇日目の一九六六年九月六日、勾留期限の三日前のことだった。この日は一四時間四〇分の取調べが行われ、およそ一一時間が録音テープに収録されている。そこでは、この日作られた六通の自白調書のうち四通についての作成過程が、追跡可能だったという。

前日まで一九日間にわたり頑なに否認を続けていた袴田は、いかにして〝自供〟に追い込まれたのか。被疑者が自白に至る過程を知る重要な証拠だ。そこで浜田は、まず自白転落初日の九月六日に焦点をあて、六通の自白調書と録音テープを照合。袴田の自白が正確かつ忠実に調書に反映されているかどうかを検証している。

鑑定書で浜田はこう指摘している。

〈この「録音データ」を忠実に分析してみると、自白調書と取調官たちの公判証言などの「文書データ」から推認されていたのとはおよそ異なる取り調べ・録音状況が浮かび上がってきたのである。そればかりか、そこには取り調べ、自白録取、調書提出にかかわる「偽装」や文書の「改竄」、そして取り調べ過程について説明した取調官たちの公判証言には「偽証」さえも強く疑われるに至ったのである〉

浮かび上がる「改竄」「偽装」そして「偽証」

どういうことか。

「本当に今まで長い間、●●さん（警部補名）、お手数をかけて申し訳ない」

袴田は九月六日、こう謝罪し、涙を流しながら犯行の全体を自白したと、警部から取調べを引き継いだ警部補は法廷で証言しているが、その場面はテープに存在しないというのだ。この警部補は袴田に「黙秘権を告知した」とも述べている。しかしこれも存在せず、警部補の証言は「明らかに偽証」だと浜田は指摘している。

「留置人出入簿」の記載を根拠に、この日の昼食は一二時から一二時三〇分に留置場の房で摂らせた、との警部の証言は、やはり録音テープの分析で脆くも崩れる。この時間帯は取調べを続けている様子が録音テープで確認できる。さらに「出入簿」の記載には深夜二四時に留置場に戻ったとあるが、録音テープによれば翌日未明まで取調べが続いていた疑いが濃厚だという。「出入簿」は明らかに改竄が行われていたのである。

袴田は逮捕以来、一日平均一二時間、最長で一六時間の取調べが二〇日間続いたとされている。しかし「出入簿」の改竄があったとすれば、これより大幅に長い時間の取調べが行われた可能性すら否定できない。

さらに重要なのは、次の部分だ。

〈作成した調書の順番を（取調官が）入れ替え、自白転落後一気に犯行筋書を語ったかのように「偽装」したこと〉

〈六通の自白調書の作成順序を「並び替え」、取調官たちが法廷でこれを裏付けるかのような「偽証」を行い、いかにも真犯人のものらしく「偽装」した結果として、録音テープから確認できるものとはまったく異なる自白過程が描かれた〉

当然のことだがこれまで、検察側が提出した六通の調書は、提出された順序どおりに読み解釈するものと思われていた。それに従えば、九月六日朝、袴田は真犯人として涙ながらに謝罪し、自白に転じ、動機や犯行態様、奪った金の処理、凶器の購入経緯を具体的に詳細に語っている。その上で、取調官が問題点を追及してさらに自白を得るという自然な流れになっているように、表面上は見える。

ところが録音テープと照合すると、涙や反省、謝罪のシーンはなく、しかも取調べの順序が調書と明らかに異なり大きく食い違っている。この六通の調書の順序を入れ替えることによって、自白転落後自ら素直に犯行の流れを語ったかのように見せかけ、いかにも真犯人の調書らしく「偽装」したというのだ。

たとえば、罪を認めた二通の短い調書が取られた後、奪った金の隠し場所や凶器の入手状況を調書の上ではスラスラと自ら語っていく。しかし録音テープでははっきりしない答えが続き、とてもすぐには調書を録取できる状態になっていない。時に否定し、あるいは曖昧に話し内容が転々とし、それぞれが矛盾しているような状態になっている。一通目の調書において、

「専務一家を殺したのは私です。誠にすみませんでした。詳しいことはこれから話します」

と、素直に殺人を認めた真犯人とは到底思えない。そこで、取調官が把握した証拠の状況と合致するまで執拗に説教を繰り返した結果、自白がさらに二転三転することになる。供述のすり合わせが行われていたのだ。

浜田は、

〈およそ「真犯人が涙ながらに自白に落ち、詳細な自白調書を語った」といった解釈は難しい〉

と一蹴。一連の過程の杜撰さを次のように論破する。

〈(自白調書六通が)一応整合的に見えるものとなったのは、もともとこの九月六日に取

られた六通の自白調書をその解釈にふさわしいかたちで順序を「入れ替え」、またそのタイトルに作成順序を偽った漢数字を書き入れる「偽装」を施し、合わせて「留置人出入簿」の記録をも改竄して、さらには取り調べを担当した四人の取調官たちがたがいに情報をすり合わせ、そろって公判廷で「偽証」したからにほかならない。この偽装、偽証、改竄が単に個々の取調官によって個人的に行われたのではなく、全員を巻き込むかたちで整合的に行われているのである〉

こうして袴田の調書と録音テープの供述を俯瞰していけば、それが「真犯人が虚偽の否認から、真の自白に至る過程だったのか」あるいは「無実の人が真の否認から、虚偽の自白に至る過程だったのか」、どちらであるかは明白である。

組織として裁判所をも欺く「衝撃的な事実」

組織として証拠を改竄し、袴田をあたかも犯人であるかのように偽装、さらに口裏を合わせて公判廷で偽証する。不正による三位一体の不利な条件をこれだけ突きつけられたとき、個人としてはとても太刀打ちできるものではない。捜査側が、袴田のみならず裁判所をも欺き続けてきた恐ろしきこの実態。浜田はそれを、〈きわめて衝撃的な事実〉と表現した。

袴田自身も、この章の冒頭に掲げた書簡のように「権力の暴挙」「暗黒のデッチ上げ裁判死刑弾圧」と、怒りの感情を隠そうとしなかった。

再審開始決定と同時に釈放された後、怨讐のこもった口調ではなく、むしろ淡々とした表情と口調で抱いていた思いを語ることが多かった。一審が大事だった、警察の取調べは強引で、全部嘘、任意性がないのに有罪にした、と。

警察や検察が袴田を犯人と思い込むあまり、証拠を捏造・偽造し自白を迫る。その供述が長きにわたり、死刑の根拠の一つとされてきた。しかし専門家が微に入り細を穿つように分析すると、自白は強要され虚偽だったことが明白になった。捜査機関が有罪の証拠としていた供述が逆に、半世紀の時を経て、袴田の無実を証明する重大な結果を生んだ。自白が無実の証しとなったのである。この現実の意味は改めて問い直さなければならないだろう。

何層もの暗黒の地層から薄紙をはぐように、歪められたストーリーがいま発掘されている。

第一三章　右足脛の傷はいつできたのか？

小生は現在、濡れ衣を着せられて東京拘置所に捕らえられております。一、二審において、満腔の怒りをこめて権力犯罪を糾弾すると共に、一応の真実——正真正銘「小生は無実である」ことを訴えてきました。それは、文字通り小生の血叫びでありました。しかしこの真実である血叫びが過去十三年にわたり未だに容れられません。この司法の無責任さに、小生怒りで肌があわだつ思いです。

（一九八〇年一月、郡司信夫氏あて書簡より）

発掘された右足脛の傷の矛盾

事件からちょうど五〇年後の二〇一六年のことである。それまで、弁護団も裁判官も見落としていた重大な事実が発掘された。新たな真実に気づいたのは、支援者であるひとりの主婦だった。

浜松市に住む敬虔なクリスチャンであるこの支援者は、その一〇年近く前、友人とこんな会話を交わしていた。

「神は、私たち一人ひとりの人生に計画を持っているのよ」

するど友人は少し考え、問い返した。

「……袴田巖さんって知ってる？」

「知らない。どんな人」

「袴田さんは無実なのに、四〇年以上経っても、まだその罪が晴らされないんだって。絶対に無実だとまわりの人は皆わかっているのに、裁判がやり直されないのよ。じゃあ、この袴田さんには一体、神のどういう計画があるの？」

こう問い返されて、言葉を失った。強い衝撃を受けた。インターネットで事件を調べ、袴田の書簡集を読んでみると、確かに袴田の無実は明白であるように感じた。この支援者は「袴田さんには、神のどんな計画があるのか知りたい」と思った。

「袴田さんが無実であるのであれば、きちんと判決文を読めば、必ずそれがわかると思いました。犯人ではない人を犯人だと断定する判決の中には、必ず、事実と矛盾するところがあるはずだからです。そういう思いで、判決文を何度も何度も熟読したんです。そうしたら案の定、あったんです。見つけたんです。それが、右足の脛の傷です」

膨大な裁判記録や資料を読み込んでいく中で、次第に、脳裏に素朴な疑問が浮かんできたのである。

確定判決で袴田が犯人である根拠の一つとされている証拠に、右足下腿の四カ所の打撲擦過傷跡がある。

「犯行時に被害者（味噌会社の専務）と格闘し蹴られた」と袴田が供述させられた傷跡である。犯人しか知り得ない秘密の暴露だ。自供二日後に撮影された写真には、この四カ所の傷がはっきり写っている。

「ところが、二〇一六年三月二二日に検察が証拠開示した逮捕時の身体検査調書には、この写真にある四カ所の傷がまったく記されていません。全身の創傷をくまなく調べる身体検査の記録に記載がないということは、逮捕されたときに傷はなかった、ということです。ほかにも、事件から四日後、警察医が同席して袴田さんが開業医の診察を受けた際も、逮捕時の鑑定書にも、留置人名簿にも、どこにもこの傷の記述がないのです。脛の傷は、逮捕後にできた傷であることが明白なのです」

袴田は四カ所の足の傷を、「犯行時に専務に蹴られた」と虚偽の供述をさせられ、警察はその自白によって虚偽の証拠を作成したのではないか。袴田を殺人犯とするこの証拠（脛の傷）は、実際は犯行時にも逮捕時にも存在しなかったもので、自白を強要する取調への過程で暴行・拷問などによってできた可能性が非常に高いのではないだろうか。そう考えるのが妥当ではないか。

弁護団は逮捕当日の身体検査調書が、再審開始の理由となる「新規、明白な証拠」に該当するとして、東京高裁に対し「検察官の即時抗告は、すみやかに棄却すべき」との意見書を再審請求審の即時抗告審で提出し、また逮捕時の取調べ録音テープによって「警察官による違法捜査が明らかになった」として、再審請求理由の追加も申し立てた。

逮捕、勾留された被疑者、被告人には弁護人を依頼する権利がある。被疑者、被告人は立会人が同席することなく弁護人と接見することが認められている。この「接見交通権」は被疑者や被告人にとって、基本的で重要な権利の一つだ。「市民的及び政治的権利に関する国際規約」（自由権規約）で認められてもいる国際的な権利で、日本も条約を批准、承認している。ところが、袴田と弁護士の面会が秘密裡に捜査側に録音されていたことが録音テープから明らかになっている。

こうした証拠はあまたあり、袴田の無実を証明することに贅言を必要としない。

二つの着衣の損傷が右肩の傷跡と矛盾

袴田が釈放された後に明らかになった、無実を示す新証拠がもう一つある。

やはり犯行時にできたという右肩の傷である。この傷について袴田は当初、消火活動を手伝っていた際にできたと主張していた。しかしその後、犯行時に格闘した際に誤って凶器であるくり小刀で刺してできた、と供述を変更。それが有罪の根拠にされている。

つまり、くり小刀がネズミ色スポーツシャツに刺さり、白半袖シャツに穴を開け、右肩に刺さったと、判決は認定している。

ところが、二〇一四年三月の釈放後、支援者が新たな事実に気づいた。袴田の右肩に、有罪の証拠とされた傷跡が残っており、その傷跡と犯行時に着ていたという「五点の衣類」の白半袖シャツの右肩部分にある、くり小刀で刺したという損傷部分とを比較すると、その位置に整合性がないことが確認できたのである。袴田は犯行時、白半袖シャツの上にネズミ色のスポーツシャツを着用していたとされている。この二つの着衣にある損傷と、右肩の傷の位置が大きくずれているのだ。損傷は右肩の付け根に近く、傷はそれよりもかなり下にあり、これらを犯行着衣とするのには矛盾が生じることになる。

二〇一四年、静岡地裁（村山浩昭裁判長）で出された再審開始決定は、この点について次のように強く指摘する。

〈ネズミ色スポーツシャツや白半袖シャツが実は捏造されたもので、別々に傷を付けられたとすれば、このような食い違いを生じたことはむしろ当然である〉

これに対し検察側は即時抗告申立理由補充書でこう反論している。

〈わざわざ肌着と上着とで損傷の位置や数を違えるというのは不自然極まりない。むしろ、このような事象は、実際の出来事の中で偶然に起きたこととみる方が、はるかに自然である〉

しかしこの反論は地裁決定を正確に理解していないと、再審開始決定に対する即時抗告審の最終意見書（二〇一八年一月）で弁護団は指摘している。

〈原決定は、5点の衣類の付着した血痕のDNA鑑定の結果並びに同衣類や付着血痕の色等から、同衣類は袴田のものでもなく、犯行着衣でもないから、捏造証拠である可能性が高いとした上で、上記2点の衣類の損傷の部位、数等の相違があっても、捏造証拠であれば当然であって、その認定を揺るがすものではないと、まったく当たり前のことを述べているにすぎない。したがって、検察官の上記批判は、そもそも論理的にも成り立たないものである〉

実は、弁護団はこの点については、すでに一九九六年に静岡大学助教授（当時）の澤渡千枝による鑑定書を提出している。その鑑定結果は次のようなものであった。

〈白半袖シャツ及びネズミ色スポーツシャツの各右上部の損傷部分及び請求人の右腕上部の傷は、請求人がこれらの衣類を着用中の同一の機会にできたものとは考え難い〉

また、白半袖シャツの損傷部分には、袴田のものとされる血痕が付着しているが、これについても澤渡鑑定は言う。

〈白半袖シャツの右袖上部の内側から付着している2個のB型血痕は、請求人がこれを着用中に右腕上部の傷から出血した血液が付着したものとは考え難い〉

これらに対し検察側は、損傷等は、格闘中に衣服が引っ張られるなどした状態で生じた可能性があり、

〈袴田が犯行中着用している際に形成されたものとみることが不可能ではない〉

と、苦しい弁明をしている。しかし、ここでも検察側の主張が矛盾していることを支援者は指摘する。

「もし、衣服が引っ張られるなどして袴田さんの傷の位置とシャツの損傷部位が異なるのであれば、シャツの損傷部位以外の部分にも血痕が付着しているはずです。引っ張られた

シャツが、ずっとそのままの状態であるはずはないからです。でも血痕は損傷部位にだけ付着していて、矛盾していることは明白です」

また、この支援者は二審の判決文を熟読し、別の矛盾点も発見した。東京高裁はこう言っている。

〈被告人が本件火災のあと工場内作業のときに着用していたと認められる作業服上衣の右肩部分にも内側からにじみ出たと思われるB型の血痕が付着していた〉

支援者がその矛盾点を解説する。

「もし、袴田さんが犯行着衣のシャツからこの作業服に着替えて、その作業服にも血痕がついていたとすると、血がずっと出ていたことになります。血が出続けていたのに、白半袖シャツの損傷部分にしか血痕がついていないということはあり得ません。もっと広く、シャツの他の部分にも血痕は残るはずです。要するに、ここでもシャツなどの『五点の衣類』が犯行着衣でないことは、火を見るより明らかなことなのです」

一九八一年、袴田は獄中で記している。

〈下着等は肩で着られるものであるから、腕の付根はもちろん肌に密着している。したがって、それらが二、三センチにしろ移動したままになるなどということは、先ず絶対に起こり得ないことである。右シャツの損傷と血痕は、右のような理由をもってしても、私とは無縁であることを浮彫りにしている〉

この重大な冤罪事件において有罪認定を支えていたのは、「五点の衣類」という間接的な状況証拠であるが、すでに見てきたように事実認定に合理的な疑いが生じているのである。

第一四章　重大事件にみる再審制度の問題点

無実は明白である。その私が無罪という天裁を待つには、人の一生は短すぎる。私の怒りの感情が、唯、出口を求めて荒れ狂うだけのことです。

（中略）

私は裁判を通して、唯、人生を相手にして勝負しているような気がしてならない。おしむらくは過去十年に渡って誤った裁判に、我人生負け続けてきた。この意味では、私は、我人生から背を向けられ続けたのである。しかし、男たる者ここらで我人生に復讐しなければ治まらないのである。

（一九七六年九月一日、支援者あて書簡より）

再審でも「疑わしきは被告人の利益に」

隠された証拠の中にこそ、真実が秘められている。

二〇一四年三月二七日の袴田に対する再審開始決定は、検察側の即時抗告により東京高裁（大島隆明裁判長）で数年にわたり審理が続けられたが、ようやく二〇一七年一一月六日に行われた三者協議で、事実調べの審理が尽くされたとして終結。東京高裁が二〇一八年六月に再審可否の結論を出す見通しとなっていた。

再審開始決定（静岡地裁）で再審を始めるべき主な根拠とされたのは、犯行着衣とされたシャツに付着した血液のＤＮＡ型が被害者のものではなく、また袴田のものとも一致しないという鑑定結果だった。唯一の物証だった「犯行着衣」は捜査側の捏造の可能性が高まったのだ。主張が崩された東京高検は、弁護側のＤＮＡ鑑定が正しく行われたのかどうか、鑑定に対する検証実験を行った鑑定人への追加意見書など一八点の証拠を提出。表面上は、弁護側に真っ向から対立する姿勢を貫いている。

しかし三者協議終了後、弁護団の西嶋勝彦団長はこう自信を深めた。

「この時期に検察が追加の証拠を提出したのは、慌てている証しです。審理をまだ続けたいという意見もなかった。もうここまでくると、審理のしようがないのでしょう。少なくとも、検察が即時抗告について期待したことは完全に粉砕されたと、弁護団は思っています。すでに勝負あり、と認識しています」

これまで確定死刑囚が再審で無罪を勝ち取った事件は免田事件（一九四八年）や財田川事件（一九五〇年）、島田事件（一九五四年）、松山事件（一九五五年）の四例ある。また、無期懲役判決が確定した後に再審無罪となったのは布川事件（一九六七年）や足利事件

（一九九〇年）、東電ＯＬ事件（一九九七年）、東住吉事件（一九九五年）など五つの事件である。ほかに、現在再審開始が求められている重大事件に、大崎事件（一九七九年）がある。大崎事件は再審開始決定が三度出たが検察側の抗告により三度とも覆されている。二〇二三年、発生から六〇年が経過した狭山事件もいまだ再審請求中だ。名張毒ぶどう酒事件（一九六一年）は一審で無罪判決が出たものの、二審で逆転死刑判決。それが確定後四三年間にわたり死刑執行が見送られ続けた一方で、第七次請求審で「最高裁の差し戻し」まで行きながら認められず、奥西勝は獄中に留め置かれたまま二〇一五年に八九歳で亡くなった。

重大事件での再審開始の転換点となったのは、一九七五年の「白鳥決定」である。一九五二年、札幌市で白鳥一雄警部が射殺された事件の再審請求で、最高裁は請求を退けたものの「再審制度においても『疑わしいときは被告人の利益に』という刑事裁判の鉄則が適用される」と判示したのである。これ以降、一九八〇年代に確定死刑囚の再審無罪判決が四件相次いだのだ。

再審の高い壁となってきた「証拠の独占」

再審開始には、「無罪を言い渡すべき新規明白な証拠を発見したとき」などの要件を満たすことが求められている。しかし、これは非常に困難を極める。ほとんどの証拠を警察や検察が握り、彼らに不利な証拠は開示しないからである。証拠の独占だ。被告や弁護側は、どんな証拠や供述調書があるのか、知ることができない。証拠は本来、事件の真相究明のための共通の資料であるべきだ。その中に、被告人の無実を示す証拠が隠されている可能性は十分に考えられるのではないか。

布川事件の第二次再審請求審では、検察が開示した証拠の中に、自供と矛盾するいくつもの証拠が含まれていた。自白では扼殺とされていた殺害方法が、開示された死体検案書には「絞殺」と記されていた。また、開示された毛髪鑑定書には、被告人のものでも被害者のものでもない毛髪の存在が明らかにされていた。こうして、真犯人を推認させる第三者の存在が浮かび上がってきたのである。さらに、それまで警察や検察が「ない」と言い張っていた自白時の録音テープまでもが開示され、しかもそこには、編集された痕跡が確認された。自白は誘導・捏造されていたことが、白日の下にさらされたのだ。加えて、被害者宅付近で被告人とは異なる人物が目撃された証言も、表に出ることはなかった。これら捜査側によって意図的に隠されていた証拠は、開示され、弁護側と共有しない限り、明らかになることはない。

東電ＯＬ事件も然りだ。東京・渋谷のアパートで女性が殺害され、二〇〇三年にネパール人のゴビンダ・プラサド・マイナリの無期懲役が確定した。二〇〇五年にゴビンダは再審請求し、その過程で東京高裁は弁護側の証拠開示請求に基づいて、現場で採取された物証の内、ＤＮＡ鑑定をしていないものについても鑑定を実施するよう要請。鑑定の結果、それはゴビンダと一致しないことが判明した。検察側は形勢が不利になったと判断したのか、それまで明らかになっていなかった証拠四二点を開示した。その中に、遺体に付着していた唾液の血液型がO型であると記された科捜研の鑑定書が含まれていた。ゴビンダの血液型はＢ型。捜査陣は、当初より唾液がゴビンダとは別人のものであると認識していたにもかかわらず、この鑑定書の存在を隠していたのだ。再審開始が決定的な段階に至っても、検察はまだ徹底抗戦を止めなかった。

ことほど左様に、冤罪事件には捜査側の予断、偏見、誤認があり、それを成立させるための証拠隠し、捏造、自白の強要などが常態化している。これらが冤罪事件の構図だ。

袴田事件では、第二次再審請求審でようやく未提出の証拠が開示された。その数なんと六〇〇点にもおよぶ。開示された犯行着衣とされる「五点の衣類」のカラー写真は、一年二カ月ものあいだ味噌タンクに隠されていたとは思えないほど、色鮮やかなものだった。犯行着衣とされたそのズボンは、控訴審での装着実験で袴田には小さすぎて穿けなかった。しかし検察は、

「ズボンのタグに『B』という記号があり、これは八四センチのサイズを示している。味噌に漬かっているあいだに縮んだのだ」

と、縮んでいなければ穿けたはずだと主張。確定判決でもその通りに認定された。しかし今回の証拠開示によると、「B」は色を示すとズボンの製造業者が説明していた調書の存在が明らかになった。検察は裁判所や弁護団を欺いていたのだ。

これらの事件に共通するのは、検察官が保管し、検察官しか知りえなかった証拠が、実は無実の証しとなっていること。しかもそれは「新規明白な証拠」といえるが実はそうではなく、当初から存在し、検察が意図的に裁判所や弁護側に明らかにしなかった「旧証拠」なのである。袴田の静岡地裁の再審開始決定で村山浩昭裁判長は次のように断罪する。

〈これらの新証拠が原審で出されていたら、有罪認定には至らなかった〉

「検察官の抗告」がさらなる審理の長期化を招く

恐るべきことだが、捏造が疑われる証拠などを検察が組み立てて、これまでの袴田裁判は形成されてきた。検察は同時に、被告の無実を示す証拠を隠蔽し続けてきたことが、五〇年以上も前の事件をいまだに終わらせ得ない元凶ともいえた。しかも、これだけ袴田の無実を示す証拠が揃いながらも、検察側は弁護側との対決姿勢を緩めようとはしない。

そもそも再審決定そのものが認められにくい現状にあって、開始決定に対する検察官の抗告（異議申し立て）が認められていることが、審理を長期化させる最大のネックとなっている。再審開始決定が取り消されるようなことになれば、さらなる長期化につながり、冤罪救済の意義は物理的に大きく損なわれていく。再審開始決定に対する検察官抗告は、禁止すべきではないか。異議があれば再審公判で争えばいいのである。

再審請求審は構造的にも問題がある。通常の裁判は、検察官と弁護側が攻防を繰り広げ、検察官が有罪を立証する。一方の再審請求審では、まず確定した有罪判決が前提とされ、請求側の主張に対し必要があれば事実調べを行うという構造だ。そこで必要とされるのは、検察側が隠し持っている証拠の開示である。検察側が独占している証拠が明らかにならなければ、弁護側は闘う術を持たないも同然だからである。検察側と弁護側は、アンフェアなリング上で闘わなければならないのだ。

袴田のDNA鑑定やその他の証拠が示すように、結論はすでに明白だ。同じようにDNA鑑定により再審無罪となった足利事件の再審公判で検察官は、〈証拠により、無罪を言い渡すべきことは明らか〉として無罪論告を行い、菅家利和に対し次のように法廷で述べた。

〈一七年あまりの長期間にわたり服役を余儀なくさせて、取り返しのつかない事態を招いたことを検察官として誠に申し訳なく思っています〉

やはりDNA鑑定が決め手となった東電OL事件の再審公判でも、検察側が〈被告人以外が犯人である可能性を否定できない〉として無罪を主張。無罪判決に対し上訴することもなく、確定した。

二〇一七年一月末、袴田は取調べ当時を振り返り、切迫した物言いで語った。

「無実である証拠が最初からあったはずだ」

どこかで捜査側が証拠を捏造し、検察が有罪にするのに都合の悪い証拠を隠したのだ。それによって袴田は、長期間幽閉され心に深い傷を残した。

姉のひで子が言う。

「巖の身体は釈放されて娑婆にありますが、心はいまだ拘置所に囚われたままのようです。早く再審が始まり無罪判決が確定しないと、精神の大きな負荷は取り除けないのではないでしょうか」

世界でも類を見ない死と隣り合った四八年もの拘禁と死刑囚の烙印は、釈放された今なおその肉体と精神にダメージを与え続けているのである。底知れぬ陥穽に、全身の細胞が凍える。

第一五章　熊本典道元裁判官

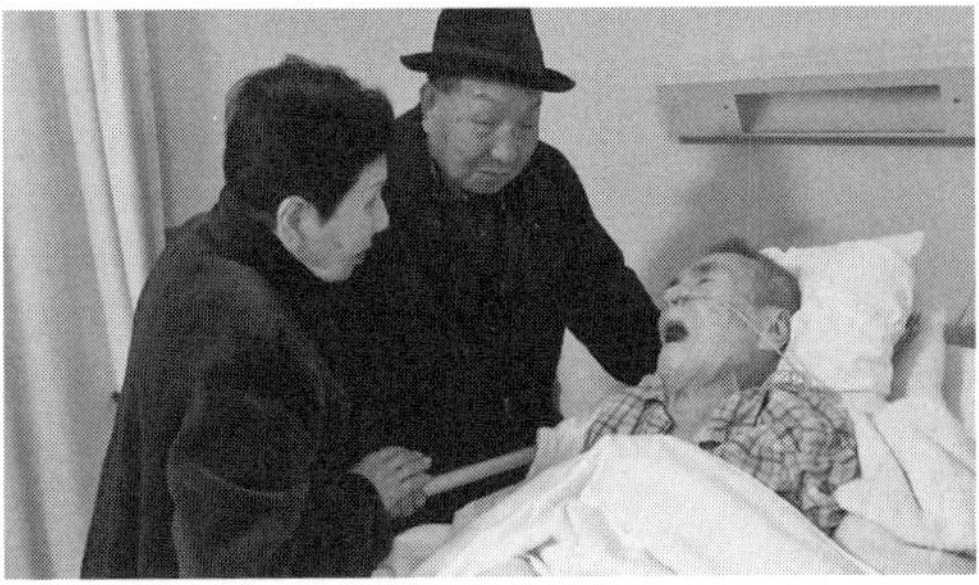

50 年ぶりに再会し、病床から万感を込めて謝罪した熊本元裁判官

春一番が吹いた。獄庭の木の葉が高く高く翔けてゆく。木々が身を忙しくゆすって声援を送る。植物はどんなに寒くても待つしかない。それだけに本日の早い南風は有難かったであろう。実際私自身がうれしかったので、梢が手をたたいて喜んでいるようにみえた。ひとしきり吹いたが、私はもっと吹けもっと吹け、と呟きながらあかずにみていた。

小鳥たちはこの強風に飛ばされてみえない。猫は不思議そうに揺らぐ梢を眺めている。こうした私の姿は一見人並みに幸福そうに見えるだろう。だが様々な悩みに苦しんでいるのだ。

（一九八三年二月一五日、獄中日記より）

思《おも》（い）遣《や》（り）の神髄は他者に対して本当の事を言うことである。

（一九八四年六月二五日、獄中日記より）

一審判決公判以来、五〇年目の再会

不思議な光景だった。

涙ぐむ八四歳の姉の手が、八一歳の弟の手の上にそっと重なる。二人の視線の先には、病室のベッドに横たわる痩せた八〇歳の男性がいた。

二〇一八年一月九日、福岡市内の病院。静けさに包まれる三人のあいだには、長きにわたる恩讐と艱難辛苦、そして寛容が静かに渦を巻いているように見えた。

死刑の判決文を書いた元裁判官と、極刑を言い渡されそれが確定した死刑囚。その二人が、判決公判の法廷以来五〇年ぶりの再会を果たした。元裁判官の強い希望だった。直接会って、みずからが書いた誤った判決について謝罪したい。そう願い続けてきた。その積年の思いが実現した。

熊本典道、八〇歳。静岡地裁の主任裁判官として、袴田巖に対する死刑の判決文をしためたのはこのときからちょうど五〇年前、一九六八年のことだった。当時、熊本元裁判官は無罪の心証を強く抱いていた。にもかかわらず、意に反し書かざるを得なかった「死刑」の二文字。以降、これに苦しめられることになった。再審請求中の裁判所に「無罪の心証を持っていた」との異例の意見書を提出。さらに、東京拘置所へ何度も面会に訪れたが、親族や弁護人など以外には面会が認められていないため、謝罪が実現することはなかった。

二〇一四年三月に袴田が釈放されると、今度は熊本が体調を崩し入院生活を余儀なくされていた。袴田は娑婆に戻ってきたものの、二人の対面は果たされていなかった。

二〇一八年一月八日、この一年ほとんど地元浜松を離れることがなかった袴田が「遠出したい」との意向を示した。

「じゃあ、熊本さんのところへ行こう。福岡だ」

と即座に決めた姉・ひで子。この日は福岡市内に滞在し、翌日一〇時半、市内の病院に入った。四人部屋の左手前のベッドで横になり、青いパジャマの上に布団を胸までかけていた熊本元裁判官は、目を丸くするようにして、袴田とひで子を交互に見ていた。患った脳梗塞の影響で体の自由が利かず、言語障害が残っている。食事や水が喉を通らず、鼻には管が通っている。それでも、目の前にいるのが袴田とひで子であることに目を見開いて驚いている様子だった。

ともに人生が変わった「裁いた者」と「裁かれた者」

静けさの中で空気が動いたのは、ひで子の言葉によってだった。

「熊本さん、わかる……？　会いに来たの。熊本さん……」

見開いた目が、袴田とひで子を見つめる。なぜ二人がここにいるのか状況を把握できない様子だったが、しばらくすると、込み上げてくるものを抑えきれないように何かを言おうとする。しかし、ただ苦しげに呻くだけで、まったく言葉にならない。

しばらくすると目の前に存在しているのが、自分が死刑判決を書いた元被告だとはっきり悟ったようだ。ベッドサイドに置かれた袴田の手を握っているひで子の掌にグッと力が込められたとき、熊本元裁判官は絞り出すような声で言った。

「いわおぉー……」

袴田は何の反応も示さずひで子が返答した。

「そうそう、会いに来たの」

信念に反し死刑の判決文を書いた元裁判官と確定死刑囚の劇的な再会だった。

熊本が再び「いわおー」と呼びかける。するとひで子が袴田を指さし、

「そう、巖。巖」

と言い頷く。元裁判官はその後も「いわおー」と何度か呼びかけ、さらに何かを話そう

とするが、嗚咽となり聞き取れない。やっと聞き取れたのは一度だけ発した、

「悪かった〜」

の一言。消え入りそうな声だった。袴田は表情を変えることなく元裁判官の目に視線を移すが、最後まで声を発することはなかった。

言葉にならない熊本元裁判官と、口を開かない袴田。五〇年前、誤った死刑判決を下してしまったことへの贖罪を表現する元裁判官に対し、いまだ確定死刑囚のまま苦しんでいる袴田の胸に去来したものは何だったのか。それは、積年の恩讐を超えた、複雑で深い悔悟と寛容の交錯ではなかったか。

この袴田と熊本元裁判官の再会について、東京地裁で熊本の同僚だった木谷明元裁判官はこう語る。

「熊本君が多少でも話せるぎりぎりの段階で会えたことは大変素晴らしい。僕は裁判官時代、無罪判決を三〇件以上出してすべて確定させています。しかし、他の二人の裁判官に反対され、自分の気持ちに反する判決を書いた経験が何度もあります。いかんともし難いものねえ。これは制度の宿命と僕は割り切っていたのですが、彼はそれを潔しとせず、ずっと苦しんでいたのでしょう。しかも、彼の場合は死刑判決ですからねえ」

袴田と熊本元裁判官の前代未聞の対面は、約八分間だった。別れ際、ひで子が言った。

「また来るね。元気でね、ね。元気でね」

浜松に戻った袴田は、こんなことを語った。

「一審のときの裁判官に会って来たんだが、顔が変わっちゃっていて、寝ていたし、わかりゃせんだ。自白の任意性の問題で、袴田巖の無実を主張していた、無実という事実を認めた、この裁判官はね。まあ、生きているうちに会えたということだでね」

裁いた者と裁かれた者、ともに人生が変わり、苦悩を引き受けた。熊本元裁判官もまた、袴田事件により人生が変わった一人である。運命に翻弄されながらも耐え続けた二人。死刑判決、誤判、半世紀、そして再会――。袴田と熊本元裁判官の無言の対面には、慈しむような空気が静かに揺れていた。


熊本元裁判官はその後の二月一三日、「無実の死刑囚・袴田巖さんを救う会」を通じ東京高裁へ二〇〇七年以来、三度目となる陳述書を提出した。

〈刑事裁判は、国家機関である検察官が、これこれこういうわけだから処罰してくれと言ってきた通りの証拠があるかないか、それだけでしか判断できません。人間が人間を

裁くことはできません。「疑わしい時は罰せず」という原則に立ち戻るしかないのです〉

熊本典道元裁判官は袴田の再審無罪を見届けることなく二〇二〇年一一月、八三歳で亡くなった。

第一六章　刻み込まれた傷と「幸せの花」

イラストのＶサインの右横に袴田が書き記した「幸せの花」が咲く

社会人がとうていのり越えることができない暗い時間というべき生の放棄、その血も止まる恐るべき空気が、死刑囚と娑婆の人の間にただよっています。死と生を有形無形に阻む空間という厚い固い壁です。死刑囚は社会から隔離され、この世の空気とは全然違う世界と風土の中に身を置いています。

（一九八二年五月一九日、獄中日記より）

「巖に効く薬は、自由しかございません」

二〇一四年の釈放直後の袴田は、自分は再審無罪になって釈放された、自由を取り戻した、と思っていた節がある。だから釈放から半年ほどは非常に穏やかに過ごし、「自分は勝利した」「事実がすべてを語る」というような発言が多かった。時おり冗談も飛び出すほどだった。ところが、新聞やテレビの記者がしばしば訪れ「即時抗告審の見通しはどうですか?」「再審無罪になったら何をしたいですか?」などと質問を投げかけるものだから、「なんかおかしいぞ」「どこか変だ」と思い始め、私たちには理解できない異世界へ再び迷い込んだようだった。

二〇一八年二月に浜松で市民有志が開いた学習会「袴田事件がわかる会」が終わった直後、一人の男性参加者が立ち上がり発言を求めた。

「袴田さんとひで子さんに、ぜひこう伝えてください。もうすぐ再審が開始され、無罪が確定するのは間違いないと思います。そうなったら、お二人は人目を気にすることなく抱き合って、そして思いっ切り泣いてください。それを見て、私たちも泣きたいんです」

同月八日午後。姉・ひで子は東京高裁の一室にいた。そこで最終局面を迎えている即時抗告審の大島隆明裁判長に提出する陳述書を読み上げた。

〈巖に一番効く薬は、自由しかございません。

どうぞ、ぜひ自由をお与えくださいませ〉

A4の用紙にわずか二行で綴られた心の叫び。短く、端的に記されているからこそ、強い思いが響いて来るように感じられる。そのわずか二行には、姉弟の半世紀を超える「痛烈な哀感」が込められている。

釈放され自由を得たように見えても、袴田は崖っぷちに手がかかったままの状態が今なお続いている。表情はいつも穏やかだが、その頬が真に緩む日はいつ来るのか。

前代未聞の「再審開始の早期決定」申し入れ

紺碧の空に、山肌の半分を覆った真っ白な雪と稜線が映えている。「のぞみ」の車窓に浮かび上がる富士山のコントラストは、一幅の絵画のように輝いていた。袴田はこれまで何度も上京しているが、これほど美しい富士山を見たのは初めてだという。その雄姿から袴田は視線をそらさない。

前日、袴田と姉のひで子は京都弁護士会主催の死刑廃止シンポジウムに出席。この日は袴田弁護団による東京高裁と東京高検への要請行動のため、京都から東京を目指していた。二〇一八年三月一二日のことである。昼前、車内前方の電光掲示板に、ある文字ニュースが流れた。

〈大崎事件の第三次再審請求、検察側の即時抗告棄却〉

義弟を殺害したなどとして懲役一〇年の実刑で服役した原口アヤ子（二〇一八年当時九〇）が無実を主張、裁判のやり直しを求めている大崎事件。本人の自白や物証がないこの事件で福岡高裁宮崎支部は、鹿児島地裁に続き再審開始を認める決定を出したのである。

弟の再審開始を求め闘っているひで子は、東京に着くとすぐ大崎事件弁護団の事務局長鴨志田祐美弁護士に連絡を取った。

「本当によかった。我がことのように嬉しい。私たちもこの流れに乗って、早く再審開始にこぎつけたいと思います」

ところが三月一九日、大崎事件で検察側は高裁の決定を不服とし最高裁へ特別抗告する暴挙に出た。再審開始の可否の判断は、最高裁に委ねられることになった。鴨志田弁護士が言う。

「命を懸けて闘っている高齢の原口さんの人生を、一体どう思っているのか。怒りで体が震え、本当に許すことができません。もう残された時間は少ないんです。一刻も早く、最高裁には特別抗告を棄却してほしいと強く願っています」

特別抗告をした理由について福岡高検は、弁護団が提出した死因に関する鑑定は、再審開始に必要な「無罪を言い渡すべき明らかな証拠」を「新たに発見したとき」という規定にはあたらず、「判例違反と判断した」としている。しかしそもそも再審制度は、無辜の人間の救済を目的としている。だから無罪判決に対して、あるいはより重い刑罰を求めての再審請求は認められていない。そうした再審制度において、検察官による抗告が認められ、いたずらに長い時間を要することは本来の趣旨から外れているのではないか。英米においては、再審開始決定や再審無罪判決に対する検察側の抗告、不服申し立ては認められていない。日本の司法システムは英米のコモンローに立脚しながらも、まだそこまでまったく到達していない未熟な制度ということなのだろうか。

袴田事件もまた同じ構図が見て取れる。このときすでに事件から五二年。袴田は八二歳になっていた。再審開始決定に対する検察の即時抗告が出され四年が経過しても、いまだ東京高裁の判断が示されていなかった。東京高裁で再審開始の決定が維持されたとしても、大崎事件と同様に最高裁への特別抗告が予想され、さらなる長期化が懸念されていた。

そこで袴田とひで子、袴田弁護団は三月一二日、東京高裁と東京高検に要請を行ったのだ。確定死刑囚がみずから高裁と高検に申し入れを行うという前例のない、異例中の異例の出来事であった。東京高裁一五階の第八刑事部。弁護団は担当の書記官に「再審開始の早期決定」を求める文書を提出した。書記官を待つあいだ、袴田と弁護団事務局長の小川秀世弁護士はこんな会話を交わしたという。

――ここ、どこだかわかる?

袴田「……」

――裁判所だよ。

袴田　「誰かに聞こえんようにされてるで、聞こえない」

姉のひで子がこのときの様子を語る。

「聞こえんと言うってことは、聞こえているんですよね。でも、巖は怒っていましたね。そのあたりから感情の起伏が激しくなって、怒りのピークに達していたようです」

「捕まるわけにはいかないんだ」

次の要請先である高検前に徒歩で移動したとき、袴田の視線が動き、その胸中がざわめいたようだった。視線の先には検察庁の入る大きな建物と「検察庁」と書かれた文字。そして制服姿の警備員が四人で出迎えようとしていた。八つの目が袴田を射ている。その刹那、袴田は踵を返すように方向を変え、その場を離れていった。ひで子の「こっちだよ」という言葉にも「離せ」と語気を強めて言い、腕を振りほどいて離れていった。支援者が駆け寄る。

――巖さん、あっちでみんな待ってる。

袴田　「終わったんだ」

──お姉さんが連れてきてって。

袴田「もう終わったんだ。関係ねえんだ。ばい菌なんだ、あいつら。捕まるわけにはいかないんだ」

渦巻く苛立ちを鋭い声音で吐き捨てると、検察庁の向かいにある日比谷公園に入っていった。これまでの取材で、袴田の心がこれほど尖ったのを見たのは初めてだった。彼が口にする「ばい菌」とは、嘘、あるいは悪を意味している。半世紀以上にわたり嘘と悪に苛まれ、いまだ確定死刑囚のままだ。この日の行動で、検察庁や裁判所を認識していたことは明白だろう。名状し難い不安が全身にくまなく広がり、感情が爆《は》ぜたのではないか。

これまで死刑の恐怖や、真実が認められない苦悶に対し、みずからを神と位置づけ、最高の力を持つ世界を再構築することで自分を保ってきた。現在もその警戒は解かれていない。みずからが強い世界にいる限り、死刑が執行されることはない。しかし釈放以来初めて裁判所に赴き検察庁を目の当たりにしたとき、四八年のあいだに刻み込まれた危機意識が現実味を伴って再び襲ってきたのではないか。ここに行ってしまえば二度と娑婆に出られない。処刑台に連れて行かれてしまう。

袴田の心には今もなお、周囲が思うよりも深くえぐられた傷がそのままの状態で存在する。東京高検前で吐かれた「捕まるわけにはいかないんだ」の言葉は、おぞましい捜査や裁判への怨嗟《えんさ》が絞り出されたものなのかもしれない。

袴田の心と身体が、切り刻まれた負の感情を思い出していた――。

袴田がボードに記した「幸せの花」の文字

低い角度から海面を照らす陽光のように、美しい響きの言葉が波打った。

みずからの名を記した後、袴田がボードの中央に書いたのは、呪詛の言葉ではなく〈幸せの花〉の文字。この言葉に私たちは沈黙するほかはない。なぜなら、半世紀にもおよぶ障害と制約と困難の中で、人間としての内面性と連続性を絶たれながらも、袴田はみずからの力を試し続けてきたからだ。その結果、開花したのが〈幸せの花〉なのである。

二〇一八年五月一八日、静岡市にある袴田弁護団事務局長・小川秀世弁護士の事務所壁面に「袴田巖さんの壁」が掲げられ除幕式が行われた。チェコの首都・プラハで「ジョン・レノンの壁」を目の当たりにし、すぐに「袴田巖さんの壁」の着想を得たと小川弁護士はその経緯と企図するところを語る。

「ジョン・レノンの壁はチェコの平和運動の象徴とされ、チェコ民主化の支えになったと聞いています。権力が一度は壁を塗りつぶしましたが、市民の思いで再び壁はいっぱいになりました。それを見ながら、これは袴田さんの力になるのではと思いました。また六月一一日には東京高裁で、検察の即時抗告への決定が出ます。抗告が棄却されるのは間違いないと思いますが、最高裁への特別抗告は絶対に阻止したい。上川陽子法務大臣（当時）に指揮権を発動してもらい、特別抗告を止めてほしいと伝えたい。そんな思いでこの壁を作りました」

壁は縦二・四メートル、横五メートル。自由が規制されていたプラハ市民の貫徹した抵抗の意志を示すジョン・レノンの壁のように、「袴田巖さんの壁」もまた、誰もが自由に書き込みができる。近くには上川法務大臣の事務所があり、検察側に特別抗告の断念を求める狙いがある。

姉・ひで子は驚いたような口調で言う。

「巖から『幸せ』なんていう言葉が出たのは初めてのことです。そんな言葉は今まで使ったことがありません。巖は今、幸せを感じているんだと思います。本人は特に何も言いませんが、確かに幸せの手ごたえを感じていると私は思います。それにしても、そんな思いがあったなんて……」

その目には、光るものが溜まっているように見えた。ひで子は壁に〈無実〉と書き、記者団とこんなやり取りがあった。

——無実と書いた意味は。

「無実だから、無実と書いた。ただそれだけです」

——六月一一日もそうなるといい？

「そうですね。大いに期待しています」

——この四年間はどうでしたか？

「四年間は四年間ですね。短くもなし、長くもなし。ただ日が過ぎただけ」

やや素っ気ない対応のようにも感じられるが、それがひで子の本心なのだろう。二カ月前の三月、釈放から四年が過ぎ五年目に入った感想を訪れる記者たちから問われたときは、こう回答した。

「四年も五年もヘチマもありゃせん。四年は四年、五年は五年。釈放まで四八年待っていたんだから、四年や五年はどうってことありません。それだけです」

常に合理的であるひで子らしいが、折に触れて訪れる取材攻勢に疲弊しているようでもある。二〇一四年の再審開始決定に対する検察の即時抗告への決定が、ようやく二〇一八年六月一一日に東京高裁で下されることが決まった。この時もコメントを求める取材が相次いだ。

「だから記者に言ってやったの。日が決まったくらいで、決定の内容がわかったわけじゃありもせんのに、そんなものね、コメント取るなって意味のこと言ったの。そうしたら、そのまんま私のコメントが出てた（笑）。まあ報道の人たちはそれが仕事だからっていうのはわかるけど、それがあんまり続くと辟易しちゃう」

「市民の小さな犠牲の上に喜ばしい歴史を造ろう」

話はその時から三六年前に遡る。一九八二年八月一八日、死刑確定からおよそ二年が経った日の夜、袴田は支援者に訴える書簡で次のように筆を運んだ。

〈一九六六年八月一八日、私はイケニエにされた。国家権力は、威信と面子の失墜を恐れて、明らかに犯人たり得ない私を、一六年前の今日投獄したのである。忌わしく、死の暗黒の不当に血塗られた日も、今日のように嫌らしく熱さを私に強いた。本件を図式した悪党は、今怯えに怯えている筈である。遠からず天が鉄槌を振り下すであろう。

市民の小さな犠牲は偉大な英雄のいかなる犠牲よりも更に大きいことを、私共は知っている。今は真理を勝利させるために努力する時である。私共の哀しみで、喜ばしい歴史を造ろう。苦難の道を走り終え、笑顔で手を取り合って語り合おう。正を制限する方法それ自体を私共は、必ず、正義の批判と歴史の審判で打ち砕かん。一八日夜記、熱さと怒りを祈りで押える〉

市民の小さな犠牲の集積。その一つが「袴田さんの壁」であり、その上に喜ばしい歴史の「幸せの花」が咲くことをこの時すでに知っているような決意表明だ。

イケニエにされてから五三年目、二〇一八年六月一一日に静岡地裁の再審開始決定に対する検察側の即時抗告への判断がようやく東京高裁で示される時を迎えていた。

主な争点とされたのは、再審開始決定の根拠とされた本田克也筑波大学教授のDNA型鑑定の有効性だ。犯行着衣とされた「五点の衣類」の白半袖シャツ右肩部分に付着した血痕のDNA型について、本田鑑定は「袴田さんのものではない」とした。しかし検察側は本田鑑定は「信用できない」と真っ向から反論。即時抗告審で東京高裁は、鈴木広一大阪医科大学教授に本田鑑定の検証実験を委託した。二〇一七年秋、両教授への鑑定人尋問を実施し、即時抗告審は二〇一八年一月に審理が終了していた。再審の可否はどう判断されるのか。

もはや検察の手駒のなさは明らかに思われたが、子供の言い訳じみた反論を繰り返す検察側の姿勢に、弁護団は反発と警戒を強めていた。

かつて検察は、東電OL事件や足利事件の再審公判においてみずからの過ちを認め無罪を主張するという勇気ある行動を取った。それを袴田事件でも再度胸に刻み、内省する必要があるのではないだろうか。

第一七章　再審開始決定取り消しの衝撃

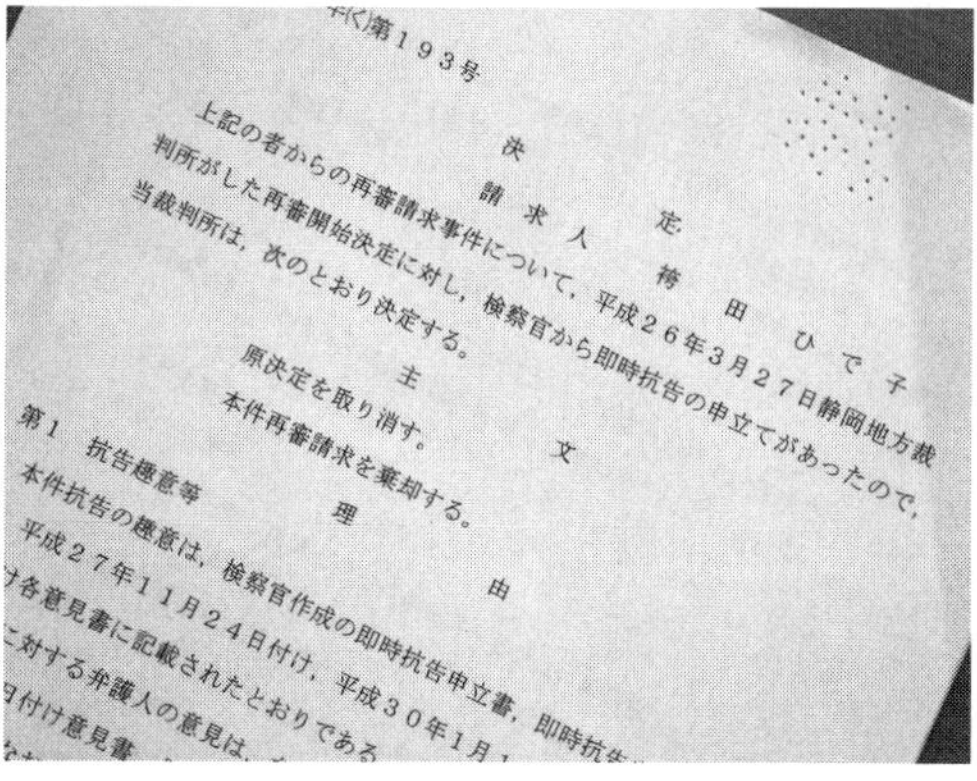
第193号
決　定
請求人　袴田ひで子
上記の者からの再審請求事件について，平成26年3月27日静岡地方裁
判所がした再審開始決定に対し，検察官から即時抗告の申立てがあったので，
当裁判所は，次のとおり決定する。
主　文
原決定を取り消す。
本件再審請求を棄却する。
理　由
第1　抗告趣意等
本件抗告の趣意は，検察官作成の即時抗告申立書，
平成27年11月24日付け，平成30年1月
各意見書に記載されたとおりである
に対する弁護人の意見は，
日付け意見書

2018年、4年余をかけた即時抗告審でよもやの再審決定取り消し

断ち切られても断固としてよみがえる勇気、真実と愛の中で生きることを期待する意志、その来たるべき明るい春を皆様方と共に待ち望んでいる。

（一九八一年一二月二〇日、獄中日記より）

不信と激震の再審請求棄却

膝から崩れ落ちていくような衝撃を受けた――。支援者のひとりは、そう表現した。別の関係者は、その瞬間から雨脚が強くなってきたことがなぜか印象に残っている、と振り返る。

二〇一八年六月一一日、午後一時半近く。東京高等裁判所一五階にある第八刑事部の一室に、袴田の姉・ひで子と弁護団の弁護士三人、そして検察側の事務方が一人、計五人が待機していた。やがて高裁の女性書記官から、袴田の再審開始決定に対する即時抗告審の決定書が入った分厚い茶封筒が手渡された。

〈主文　原決定を取り消す。

本件再審請求を棄却する。〉

一〇〇ページあまりにおよぶ決定書の冒頭に記されたこの二行が目に飛び込んできた瞬間、予想外の出来事に弁護士三人は言葉を失った。

「えっ？　……あれ？」

その中のひとり、戸舘圭之はそのときの感情をこう語る。

「勝つか負けるかしかないのですが、主文を見たときはまさかと思い、本当に声が出なくなりました。何も考えられない状態でした。この日はもちろん、袴田さんに良い判断がされるのは確実だと信じて高裁に来ていただけに、これまで感じたことのないような、言いようがないショックに襲われ、身体が固まってしまったような状態になりました」

しかし戸舘は意を決し、次の瞬間には席をはずして廊下に出た。決定を確認次第、すぐに電話で、一階で待機する弁護士らに連絡する手筈になっていたのだ。一階で待機していた西澤美和子弁護士は、ジリジリする思いで待ち焦がれながら「何かあったのだろうか」と不安が脳裏をよぎった。一時三四分、ようやく電話が鳴った。

「不当決定です……」

電話のスピーカーから流れ出た言葉は、予想外のものだった。そのとき西澤弁護士の手に握られていたのは、〈再審開始〉と書かれた垂れ幕。四年前、静岡地裁での再審開始決定で使われた縁起物である。良い知らせを確信し、準備していたのだ。もうひとつの〈検察の抗告を棄却〉と記された幕を持つ弁護士とともに、高裁前の支援者たちのもとへ駆け寄るシミュレーションもできていた。幕を持ち替えた西澤弁護士は、唇を真一文字に結ぶようにしていた。

吉報を待っていたある支援者は、西澤弁護士がひとりで歩いてくる様子を見て訝《いぶか》った。

「ふたりの弁護士が出てくるはずなのに、ひとりしかいないので変だなと思ったんです。目を凝らしてもひとりしかいない。しかも走って来るのではなく、呆然とした表情で比較的ゆっくりとした歩調でした」

西澤弁護士が支援者たちに向け掲げたのは〈不当決定〉の文字。高裁前の二〇〇人を超える支援者たちからは、

「ウソでしょ」

「どういうことだ、あり得ないじゃないか」

などと怒号が飛ぶ。行き場を失った戸惑いと憤怒が、ないまぜになって不協和音のように宙を舞う。高裁前に姿を現したひで子は強まる雨の中、記者団から気持ちを問われ短く

答えた。

「残念でございます。何をかいわんやです。次に向かって進みます」

震えるように聞こえたその決意は、普段のひで子とは異なり別人のようにも思えた。しかし、四年間が経過して暗転してしまった中にも、わずかばかりの光明を見出していた。決定文の最後に、〈刑の執行停止の裁判に関する判断〉として高裁はこう述べている。

〈再審請求棄却決定が確定する前に刑の執行停止の裁判を取り消すのが相当であるとまではいい難い。

したがって、当裁判所は、本決定に伴い職権を発動して直ちに死刑及び拘置の執行停止の裁判を取り消すことはしないこととする〉

原決定が取り消され、再審請求は棄却された。新聞によっては、称呼が「袴田さん」から「袴田元被告」に変わったところもある。「死刑囚」とは呼べないのかもしれないが、そうであっても、袴田の身柄は釈放されたままの状態が保たれるという。矛盾したこの決定にはさまざまな解釈があるが、ひで子にとっては袴田を手の届く場所に置いておけることが最も大切なことだった。この日の記者会見でひで子は言った。

「身柄を拘束しないということは書いてありますので、まず一安心はしています。刑務所から出て四年。だいぶ巖も馴染んできたというか、『幸せの花』なんて書いたりして。幸せという言葉は三〇歳からなかったんです。縁遠かった。それが、幸せという言葉が出てきたんです。身柄が拘束されないと書かれているということでまずは一安心しているが、内容はまだ読んでいません」

翌日、浜松に戻ったひで子は、棄却された悔しさと、釈放維持のホッとした気持ちの割合を問われてこう答えている。

「悔しさなんてない。何にもない。要は、巖が帰ってきたということが大きいんです。四年前に出てきたということが、それが大変私には大きいです。再審開始が棄却されたですが、そんなことは何とも思っておりません。でも、闘い続けていきます。まだ私も三年や五年は持つからね、生きている限りは闘い続けていきます。巖も私も、少なくとも一〇〇まで生きるよう努力します」

不可解な決定をどう受け止めるか

死刑という有罪は保ちつつ、しかし、身柄は釈放したままという前代未聞の状態が継続されていく。

この問題は国会でも取り上げられた。高裁決定から四日後の六月一五日、衆議院法務委員会で階猛《しな》議員（国民民主党＝当時）は再審制度の不備、問題点などについて最高裁判所に質した。階は二〇一四年に、再審開始決定に際して再審請求の審理が長期間にわたるなど、再審制度に法の不備があるのではないかと同委員会で見直しを求めた。しかしそれらは一切検討されることなく、今回の高裁決定に至った。そこで階議員は、再審開始決定の取り消しと同時になされた刑の執行停止、死刑と拘置の執行の停止の判断について、法的な根拠があるのかどうか、次の三点について最高裁の見解を求めた。

一、決定文に「再審請求を棄却する旨の決定をしたとしても、原決定である再審開始決定の効力が確定的に失われるわけではなく」とあるが、その法的根拠は何か。

二、決定文に「再審請求事件が抗告審に係属することに伴い、当該抗告裁判所は、原裁判所のした刑の執行停止の裁判の変更・取消しをする権限をも併有する」とあるが、その根拠は何か。

三、決定文に「再審開始決定の取消決定に伴い原裁判所のした刑の執行停止決定をも職権により取り消すか否かは、事案の重大性や有罪の言渡しを受けた者の生活状況、心身の状況等を踏まえた身柄拘束の必要性、上訴の見込みの有無等を踏まえた抗告裁判所の合理的な裁量権に委ねられている」とあるが、そもそも刑訴法四四八条二項に「再審開始の決定をしたときは、決定で刑の執行を停止することができる」という条文がある。であれば反対解釈として、再審開始決定が取り消されたら刑の執行の停止も取り消されなくてはいけないのではないかと思うが、法的根拠は何か。

これらについて最高裁判所の安東章刑事局長に見解を求め追及した。

安東　個々の事件においてそれぞれの裁判体が検討し判断すべき事項、そのように考えられるところでございます。従いまして恐縮でございますが、最高裁判所の事務当局としましてはお尋ねの三点についてお答えすることは差し控えさせていただきたい。

階　条文上の根拠は見当たらない、ということでよろしいですか。

安東　個別の事件における裁判体の判断に影響をおよぼすことが危惧されるところでございます。ですので、お答えを差し控えさせていただいたということで、文字通り何らの評価も示していないということでございます。

階　裁判所は法と証拠に基づいて判断をして、そして法の支配を貫徹するのが職責だと思いますけれども、その根拠となる法文を示せない。それでいいんですか、それでよろしいんですか、最高裁。

安東　個別事件の裁判体の判断に影響をおよぼす、そういうことがあってはならないという考えから、お答えを差し控えさせていただきたいということでございます。

階　条文上の根拠があるかないか、ということを聞いているんですから、端的に答えてください。条文上の根拠がなければ、立法府としてですね、法の不備は手当てしなくちゃいけないから聞いているんですよ。立法府に対する説明責任がありますよ。答えてください。

これに対しても最高裁の安東刑事局長は、前述と同様の答えを繰り返し、実質的にゼロ回答で何とかその場をやり過ごそうという姿勢しか感じられなかった。

階　そもそも今回の決定の趣旨なんですが、再審開始決定は取り消しつつ袴田さんの死刑と拘置の執行停止は継続している。非常にわかりづらい。とともに忖度すれば、過去に裁判所が行った判決を誤判と認めたくない。他方で、もう高齢で健康状態も思わしくない袴田さんを再び死刑囚として収監すれば、裁判所が世論から批判を浴びるだろうということですね、こうしたことを配慮して玉虫色の判断、人の支配の判断が、決定が出たのではないかというふうに私は捉えています。きょうの答弁を聞いて、ますますその意を強くしました。

法のほころびに翻弄される

ひとりの人間の生と死が、法的な根拠に基づかず、人間の支配に委ねられている。階はそう主張する。そもそも憲法三一条には「何人も法律の定める手続きによらなければその生命もしくは自由を奪われ、その他の刑罰を科せられない」というデュープロセスの条文がある。この観点からしても、また無辜の救済という再審制度の目的から鑑みれば、検察側に抗告が認められていることなども含め、今の再審手続きに関する刑訴法の規定はあまりにも不備があるのは明らかだ。

階に先立ち、源馬謙太郎（国民民主党＝当時）は上川陽子法務大臣にこう質問した。

源馬　そもそも四年間かかってですね、再審開始が決定してから四年の時間を費やして、それで結局、その決定が覆された。これは本当にすごく大きな問題だと思います。これについてご所見を伺えればと思います。

上川　個別具体的な事件におきましては、裁判所の判断に関わることでございますので、法務大臣として所見を述べることは差し控えさせていただきます。

階は最後にこう語った。

「法務省の問題意識の欠如には驚かされるわけですけれども、袴田さんにとりましては長年にわたって冤罪を主張してきて、ようやく再審開始の決定が下りたと思ったら、四年経ってなんだかよくわからない判断がされて再審開始決定が取り消されて、これからまた死刑の執行という恐怖に怯えなくちゃいけないということになります。これからの動向次第では死刑の執行もあり得るということですから、そういう人の生き死ににかかわることについては憲法三一条、デュープロセス条項に基づいて、法的手当てが必要ではないかと強く申し上げたいと思います」

高裁は再審開始を認めないという結論を出しながら、袴田を拘置所に連れ戻し死刑を執行する、つまり袴田の首に縄をかけて殺してもいいんだということまでは決断がつかなかった。高裁の決定には明らかにほころびがあり、欺瞞と妥協とごまかしの意図が透けて見える。

二〇一四年、静岡地裁が再審開始と袴田の釈放を決定した主たる根拠となったのは、DNA鑑定と「五点の衣類」の血痕の色に関する証拠だった。しかし地裁はこの二つの証拠だけが袴田に「無罪を言い渡すべき明らかな証拠」と主張しているわけではない。弁護団の戸舘圭之はこう論破する。

「確定判決で死刑を成立させた他のさまざまな事実や証拠、それ自体に大きな疑問があることも地裁は認定している。そしてそれを前提としてDNA鑑定や味噌漬け実験を評価すれば、袴田さんが犯人であることには疑問が生じることが、それは明白な根拠があるわけです。素朴で常識的な地裁の判断でした」

予断なくつぶさに証拠を俯瞰すれば、袴田犯人説に合理的な疑いが生じるのである。そうした疑問が提示できれば再審を行い判断する。このことは、一九七五年の「白鳥決定」という最高裁判断でもある。新証拠が提出されたことを契機として、事件全体の証拠を眺めた場合に合理的疑いが生じるかどうか、その観点から再審を行うかを決定するのだ。それを無視するかのごとく、無罪を言い渡すべき明らかな証拠をことごとく否定した大島隆明裁判長の高裁決定は暴挙といわれても仕方あるまい。

あの日の様子を振り返る

高裁決定の日、袴田はひとり浜松に残り支援者とともに過ごした。

午前一〇時前、新聞とテレビ各一社の代表取材が袴田家に入った。支援者が、

「いま新聞とテレビの記者が来ていて、巖さんの写真を撮りたい、話も聞きたいと言っているんですが、どうされますか」

と、意向を尋ねると袴田は一蹴した。

「えー、写真なんかだめだ。話もない。そんなの帰ってもらってくれ。お断りだ。こんなところ来てもしょうがねえんだから、帰ってくれ」

記者は諦めずに問う。

――きょう高裁の決定が出ますが……。

「そんなこと、こんな一番上のところに来たってだめなんだから。そんな話だったら、警察とか裁判所のほうに行ってくれ」

一番上とは、これまで半世紀にわたって権力側の無法と闘い最高権力者となった袴田自身の意味。取りつく島がない。

午後になると、一時半に出る決定内容を支援者が袴田に伝える場面を取材するという。ところが代表取材だけではなく数十人の記者とカメラマンが自宅を取り囲み、ざわついていた。それを見た支援者は予定を変更。車で在所近くの岩水寺まで出かけることにした。

その車中、支援者には不当決定の報が届いた。

岩水寺で参拝を済ませた後、支援者の清水一人はオブラートに包んでこう語りかけた。

「きょう東京で決定が出たということですけど、僕らまたもっともっと頑張って、本当に罪が晴れる日まで頑張っていきます」

するとその横から、テレビ局の記者が袴田にマイクを差し出した。

――高裁のほうで判断が出て、再審を認めないという……。

「そんなのウソなんだよ。ウソ言ってるだけなんだよ。事件がねえんだから、事件がね」

――裁判所がそう言っていることに対して……。

「ウソだって」

支援者がたまらず「もうやめてください。協定の義務は果たしたでしょ」と制止し、ようやく記者たちは引き下がっていった。

その後、いくつかの寺社をまわり、天竜川沿いを散策、帰宅したのは夕方になってからだった。スイカやさくらんぼなどに舌鼓を打ち、夕食後、テレビでバラエティー番組を見るとはなしに見ていたが、高裁決定のニュースが流れるとみずからスイッチを切ってしまった。

自己矛盾を抱える司法

東京高裁は再審請求を棄却しながら、一方で、袴田の釈放を取り消すことには自信が持てなかった。その四年前、静岡地裁は「このままでは耐え難いほど正義に反する」との金言のような決定で、再審開始を決定するとともに死刑と拘置の執行を停止した。二〇一八年六月一八日、袴田弁護団は憲法違反や判例違反、諸権利の蹂躙などを理由に最高裁へ特別抗告し、その矛盾した袴田の立場への判断は最高裁に委ねられることになった。

女性五人が殺害された名張毒ぶどう酒事件では、死刑が確定した奥西勝が強く無実を主張。第七次再審請求で名古屋高裁が再審開始を決定（二〇〇五年）したものの、検察側の不服申し立てが認められ取り消された。その後、最高裁が高裁に差し戻すなど異例の展開をみせ結局、棄却が確定。第八次再審請求中の獄中で奥西は八九歳で無念の死を迎えた。

鹿児島県で男性が殺された大崎事件もまた、原口アヤ子に対し二〇一八年三月、三度目の再審開始決定が出たが、やはり検察側の特別抗告によっていまだ確定していない。一九七九年の事件であり、原口も二〇二四年七月現在、すでに九七歳となっている。

袴田はかつて、獄中日記でこう訴えていた。

〈何れにしても、冤罪は生きてそそがなければ惨め過ぎるのだ〉

再審請求審が長引く理由として検察側の不服申し立てがある。欧米などでは検察側の不服申し立てが認められていない国が多く、再審開始決定が一度出ればすぐに再審が開始される。検察側に反論があれば、再審公判で行えばいいという考え方だ。またアメリカでは無罪判決に対する検察側の上訴権もない。いたずらに時間ばかりを要し再審請求人や元被告が不利益を被る日本の制度は歪んでいる。

袴田事件では、第一次再審請求（一九八一年）から数えて三三年、事件からは半世紀近くを要して再審開始の重い扉がようやく開いた。その扉をくぐり四八年ぶりに社会へ戻ってきた袴田はその後、前へ前へと歩を進めてきた。再審無罪確定へと近づいていることを誰もが疑わずにいた。ところがその歩みの先には、さらに重く分厚い再審制度の不備というもう一つの扉が聳えていた。

第一八章　証拠開示で明らかになる違法捜査

突然荒れ狂う冷たく暗黒の海の真只中に、すがるものを何一つもたずに投げ出されたような心細さは、今はない。私は必勝する。

（一九七六年三月二五日、支援者あて書簡より）

〝凶器〟をめぐる不確かな証言

袴田事件では弁護側の求めと裁判所の勧告により、二〇一三年七月に一三〇点が開示されたのを皮切りに、それまで検察側が独占していた未提出の証拠がようやく開示され始めた。二〇一四年九月には、検察が「ない」としてきた「五点の衣類」のカラーネガ九三点が、二〇一五年一月末にはこれも「ない」とされてきた取調べ録音テープ四六時間分が「県警倉庫から偶然発見」された。以降、その数は計六〇〇点におよぶが、それとともに違法な捜査が行われた形跡も浮き彫りになってきた。

袴田が凶器として使用したとされるのは、犯行現場に落ちていた刃渡り一二センチのくり小刀。この小刀を袴田が購入したとされるのが、当時静岡県沼津市にあった菊光刃物店だった。この店の長男・高橋国明もまた、一日も早い再審無罪を願っている。

国明の母で、原審で検察側の証人として出廷した当時四二歳の高橋みどり（二〇二三年二月没。享年九七）は、公判調書によると、検察官とのあいだで次のようなやり取りがあった。一九六七年七月二〇日、静岡地方裁判所で行われた第一審一四回目の公判でのことである。

――こがね味噌の会社の従業員の人たちの写真を（警察が）持ってきて、この中に見覚えのある人がいるか、というようなことを聞かれたことありますか。

「はい」

――こがね味噌の従業員の写真というのは、何枚くらい持ってきましたか。

「二〇枚以上あったと思います」

――それをあなたに全部見せて、どういうことを聞いたんですか。

「一人一人の写真を見せてくれまして、この中に見覚えのある顔があるかって聞かれました」

――それであなたは、一つ一つ見ましたか。

「はい、一枚一枚全部見ました」

――その中に、見覚えのある顔はありましたか。

「一枚あったんです」

――それでそれを、この人に見覚えありますといって警察の人に示しましたか。

「はい」

――まだその人の名前はわからなかったですか。

「全然、知らなかったです」

――見たところその人は、どのような服装で、いくつぐらいのようでしたか。

「三〇歳くらいで、毛を長髪にしていました」

――あなたがその写真を警察の人に示したところ、警察の人は何か反応を示しましたか。

「はい。私がこの人に見覚えがあるといいましたら、警察官が二人いましたが、二人顔を見合わせたんです。それで私もちょっと変だなあと思って裏返したら、袴田と名前が書いてあったんです。それまでは裏、全然ひっくり返さずに、ただ顔だけ、一枚一枚見てたんです」


検察官の尋問に答えるみどりは当時、沼津で夫とともに刃物店を経営していた。法廷で検察官に問われているのは、事件直後の一九六六年七月初めに二人の警察官が訪れて写真を見せられたときのことを指す。長男・国明は、警察が店に来て母親や職人らに写真を見せていたことが複数回あった、とはっきり記憶している。法廷での尋問はこう続いていく。

――あなたはその写真を見た当時は、まだ、袴田という人の名前などは、新聞やテレビで見たことなかったんですか。

「全然、見ていません」

――写真なども、前に見たことなかったですか。

「見たことないです」

――その後、見覚えのある人について、実物を警察で見せられたことありましたか。

「はい、ありました」

――やはり、見覚えのある感じでしたか。

「そういう感じでした」

――その見覚えのあるというのは、どこで見たという記憶でしたか。

「おそらく店で見たんじゃないか、と思います」

――店以外では、別にそういう機会はないですか。

「少ないです」

――あなたはたいてい店におられるのですか。

「ほとんど朝から晩までおります」

――そういうことから、店で見たというんですか。

「そうです」

――店におられたお客として見た、ということになりますね。

「そうですね」

――いつごろ見たという感じですか。

「比較的、その写真見せられて新しい時期に、二、三カ月前のような記憶なんです」

――三、四月頃くらいという感じですか。

「じゃないかと思います」

――その人に品物を、あなたの店で売った記憶はありますか。

「何か売ったような記憶はあるんです」

――くり小刀を売ったかどうか、覚えていませんか。

「それは全然覚えていません」

みどりが夫とともに切り盛りする菊光刃物店は戦後すぐ、みどりの義父が立ち上げ、多数の客が来店し繁盛していた。こがね味噌専務一家惨殺事件で凶器とされた一本五〇〇円のくり小刀と同一の刃物は、菊光刃物店でも扱っていた。その年の三月頃に一五本を仕入れ、証言の時点で一三本が売れていたという。その年の三月か四月頃に店で袴田を見た記憶があり、何かを売ったという——。

袴田は逮捕以来、容疑を否認していたが、勾留期限三日前についに「自白」させられた。その後このくり小刀は、確定判決で凶器と認定されている。袴田の取調べを録音したテープ四六時間分が、二〇一五年に開示された。その中に、凶器とされたくり小刀に関連する「自供」が含まれている。一九六六年九月六日のことである。

——あの晩、何か持って行ったものある？

袴田「刃物です」

——どこで買ったの？

袴田「沼津です。沼津に遊びに行ったときに、その店の前を通りまして、刃物を見ているうちに何となくほしくなった」

「本当は袴田さんを見ていない」

一家四人を殺害したと「自白」させられ、凶器とされたのはくり小刀。これは、惨殺事件の現場で、被害者のひとりである次女の足下に落ちていたものだ。しかし、袴田の自白は変遷している。当初は「奥さん（被害者のひとり）にもらった」となっているが、その後の調書では「二月か三月に沼津の金物屋で買った」（九月六日付調書）となっている。法廷の証言台に立ち、袴田の顔に見覚えがあり、何かを売った記憶があるとしたみどりの証言が、袴田の自白を裏づける形となっていた。

それから半世紀近く――。二〇一四年のまだ寒さ厳しい時期のことである。病床に臥していたみどりが、振り絞るような声で衝撃的な告白をした。

「私、本当は袴田さんを見ていないんです。本当は見覚えがなく、思っていることとは違う証言をした……」

袴田に見覚えがあると言った静岡地裁での証言は嘘だったというのだ。では、なぜ嘘の証言をしたのだろうか。この告白に前後してみどりの長男・国明に、ある記憶が蘇ってきた。静岡地裁での証言から戻ってきたみどりに国明が声をかけた。

「終わった？　どうだった？」

「証言の仕方って、教えてくれるのね」

このとき国明は母親の言葉を深く考えもせず、聞き流してしまっていた。だが、「実は袴田さんを見ていないが、真実と異なる証言をした」という事実を知ったとき、「証言の仕方を教えてくれる」という発言が、強い磁石で引かれるように結びついた。母親の法廷での証言は、袴田の「自白」に合致するよう検察や警察などの何らかの力が働いたのではないか。捜査側の何らかの誘導があった可能性が高いのではないか。そうでなければ、母が法廷で事実と異なる発言をするはずがない。国明はそう考えている。

しかも、警察や法廷で見せられた二八枚のプリントには、袴田の写真だけが二枚忍ばせてあった。警察や検察に恣意的な思惑があったのは明らかだ。

その後、みどりは弁護人からも尋問された。

――写真は袴田のが二枚あるようですが、そのうち一枚だけに見覚えがあるんですか。

「そうです」

――証人のお店には平均して一日何人ぐらいの客が出入りしていますか。

「平均しますと、七、八〇人になると思います」

――それで、三、四カ月前のお客さんの記憶がありますか。

「ある人もおりますし、わからない人もおります」

——袴田の場合に憶えていた、というのは、何か特徴があってのことですか。

「特徴があったか何か、よくわからないですけれども、写真見たら偶然、この顔に見覚えがあったんです」

国明は事件当時、母親のもとへ警察が何度も訪れたことをよく憶えている。そのたびに数十枚の写真を見せられていたが、母は「見覚えのある顔はない」とはっきり答えていた。あるときは、二人の捜査員が来て「犯人がこの店で刃物を買ったと言っている」と言いながら、犯人が書いたという手書きの地図を示した。駅から店までの地理関係がほぼ間違いなく記されていたため、みどりは「そうなのであれば、店に来たのかもしれない」と答えた。手書きの地図は検察官によると、

「被告人は、くり小刀は、沼津の菊光刃物店で買い、金額は五〇〇円、鞘は茶色、売ってくれた人は四〇ぐらいの和服の女性と述べ、沼津駅から菊光刃物店までの道筋まで図に書いた」

となっている。しかし、この地図もまた袴田の意思によるものではなく、捜査員の誘導があった痕跡が見て取れるのだ。

地図の存在が、「店に来たのかもしれない」とみどりに思わせたものの、「袴田の写真に見覚えがある」と発言したことは一度もなかったと国明は言う。だから法廷でも「見覚えはない」と証言したものだとばかり、国明は長い間思い込んでいた。

店先では、「強盗殺人事件の凶悪犯に凶器を売るとは、一体どういうことだ」「凶器販売店！」などと、言いがかりや罵声を浴びせられ、甚大な風評被害を被った。

事件から四半世紀が過ぎた一九九〇年代になって、再審請求運動を推進する支援者らとの会合に出席したみどりの夫・福太郎と国明は驚くべき事実を知らされる。それは、凶器とされたくり小刀の刀身の状態であった。刀身は、先端部分がわずかに欠けているだけで、ほぼ原形をとどめているというのだ。国明が振り返る。

「そんなあり得ないようなことが、本当にあるのだろうか。そう思って、思わず父と顔を見合わせたことをはっきり覚えています。くり小刀は、元々無理が利かないもの。細かい仕上げ工作専用の木工道具で、非常にデリケートなものです。荒使いにはまったく適していないのです。まして、凶器とされた小刀は刃渡りわずか一二センチ、全長一七センチ、柄の部分の刃幅は二・二センチしかありません。被害者四人に計四〇カ所以上の傷を負わせ、硬い肋骨の切断や貫通といった傷を負わせようとした場合、刀身は折れるか大きく曲がり、切刃も大きく破損してしまいます。ほぼ原形をとどめることは、道具の現場感覚から見ても絶対にあり得ません」

二〇一〇年に亡くなった父・福太郎は生前、事件の進捗を伝える報道に接するたびに、次のようなつぶやきを繰り返していたという。

「くり小刀を凶器とするのは無理。それは絶対に無理」

「裁判所や検察は、くり小刀のことを全然わかっていないのではないか」

国明は二〇一〇年に、刃物の専門家としてのそうした見解を地元紙「沼津朝日」に投稿。福太郎のつぶやきを紹介し、こう結んでいる。

〈この声が裁判所に届かなかったことは、残念という以外にない〉（二〇一〇年六月二七日付）

これらは当時の報道でも疑問点として指摘されている。事件から三日後の読売新聞によると、くり小刀と「四人の刺し傷の大きさが違っているという証言」があったという。また、小刀に袴田の指紋の付着はなく、凶器でありながら血痕も付いていない。火災による高温によって、指紋も血痕も消失してしまった、というのが捜査側の言い分なのである。

一九九三年には、日本大学医学部教授である押田茂實がくり小刀についての鑑定書を提出している。それによると、「凶器とされているくり小刀では、被害者の遺体にあるような損傷はできない」ことが明らかだという。

不利な調書は隠蔽して裁判所をも欺く

強要された自白や、事件の翌年に突如として「五点の衣類」が現れたことなどのほか、疑問視された証拠は、くり小刀だけにとどまらない。ズボンの「B」の問題である。「五点の衣類」のズボンは、東京高裁での二審で装着実験が三度行われたが、いずれも袴田には小さすぎて穿くことができなかった。この一点をもってしても、「五点の衣類」は捏造が疑われるが、このズボンには「B」文字のタグが付いていた。検察側は、「味噌漬けによってズボンが縮んだ。犯行当時は穿けたはず」と主張。高裁は検察の言い分をそのまま受け入れ、「B」の文字についても肥満体用を示す「B体」であるとの主張を認定した。つまりBはサイズであり、ズボンが縮んでいなければ袴田が穿けたというのである。

ところが「五点の衣類」発見当時、ズボンの製造業者のもとを訪れた捜査員に対し、業者の役員は、「Bの文字はB体ではなく、色を示す記号」と供述している調書が、再審請求審で初めて開示された。検察は自分たちに不利になる証拠（供述調書）を隠して、Bが色を示すことを知りながら、裁判所をも欺いて「肥満体用」と虚偽の主張を繰り返していたのである。

再審請求審でその調書が開示された後、検察官が慌てて業者のもとを訪れ、こんなやり取りがあったという。

「Bが色を示すというのは、勘違いじゃないか」

「いいえ、絶対に間違いありません」

弁護団は再審請求審の法廷に業者を呼び、証人尋問することを請求。すると検察側は形勢が不利になることを恐れたのだろう、強力に「必要ない」の一点張りだった。裁判所に業者を呼んで尋問することには反対した検察側だが、しばらくすると、業者から弁護団に相談があった。

「検察から連絡があって、改めて調書を取りたいから来てほしいと言うのですが、どうしたらいいでしょうか」

証人尋問には反対しながら、極秘で調書を取ろうとする。検察の作為と狼狽が透けて見えてくるようである。

捜査員の指示で重要証拠を発見

「五点の衣類」のズボンには、もうひとつ大きな疑問点がある。

一九六六年の袴田逮捕後、袴田の実家も捜索されたが、犯行に結びつく証拠は何も発見されなかった。それから一年二カ月後、「五点の衣類」が発見されると、その一二日後に実家は再び捜索を受ける。その際、ズボンの共布が発見され、「五点の衣類」のズボンが袴田のものであると結びつけられた。問題は共布発見の経緯である。捜索は捜査本部の警部と警部補が行ったが、その警部補に一九九三年、支援者らが聞き取り調査をし、共布発見時の様子が次のように明らかになった。

上司からは、手袋とベルトを発見するよう指示されていた。警部補が実家に到着すると、すでに上司の警部が一時間も前から来ており、開口一番こう指示したという。

「タンスの引き出しを探したらどうか」

警部補はやや不満を感じながらも最上段の引き出しを開けると、その一番上にポンと置いてあったのがズボンの共布だった。「五点の衣類」のズボンの共布は不思議なことに一分も要しない捜索で見つけることができた。警部補が押収の手続きを取っていると警部が、

「もうこれが発見できたから、引き上げよう」

そう言って、捜索はあっけなく終了したという。静岡県警の捜査報告書で警部補は、発見された共布についてこう記述している。

〈タンク内より発見された黒色ようズボンと同一生地同一色と認められ、前記ズボンの寸をつめて切り取った残り布と認めた〉

発見したその場で、味噌に漬かり変色していたズボンの共布だと一目でわかったというのである。「五点の衣類」の偽を真としようと腐心する様子がここからも浮かび上がってくる。

前年の捜索で発見できなかった共布がいとも簡単に見つかった。その不可思議さに支援者は、

「共布は、警部が家人の目を盗んで、急いでタンスの引き出しに入れておいたのではないか」

と何度も警部補に問い質した。警部補は「うーん」と唸り、否定も肯定もできずにいたが、か細い声でこう言った。

「俺も年金生活者で、年金を削られたり止められたりすると困るんだ」

支援者は、警部補の様子を語る。

「警部の様子を見て警部補もおかしいと考え、私が言うような偽装工作の可能性すら頭に浮かんだものの、それを軽々と口にすれば年金等で不利益を被らないとも限らない。そんな意味で話されたのかと感じました」

狭山事件（一九六三年）でも同じような構図が見て取れる。石川一雄が無実を訴え、再審請求中であるこの事件もまた冤罪であることが濃厚である。自宅の家宅捜索は三回行われ、初めの二回は一〇人以上の捜査員を動員し二時間、井戸の中や天井裏まで徹底して捜索していた。そして、三人の刑事が二〇分行った三回目の捜索。ひとりの刑事が鴨居のあたりを指し示し、「捜してくれ」と石川の兄に言うと、奇跡か手品のように被害者の万年筆が発見されたのである。しかもこの鴨居は高さが一七五・九センチしかなく、やや離れた位置から見れば簡単に目につくはずである。それまでの二回の徹底した捜索で発見できなかった万年筆が、なぜ三回目に簡単に、しかも、刑事の指示した場所から見つかったのか。

袴田事件と狭山事件の証拠捏造の構図は酷似している。

菊光刃物店の高橋みどりの払拭できない苦しみを、長男・国明がみどりの生前にこう明かしていた。

「母は、思っていたこととは異なる自分の証言によって、袴田さんの有罪に加担してしまったのではないか、そのことで死刑判決を受けることになってしまったのではないかと考え、とても苦しんでいます。本当に申し訳なく、できることなら贖罪の気持ちを袴田さんに伝えたいとも思っています。ただ、今は介護が必要でそれもままなりません。せめて、袴田さんの再審無罪が、一刻も早く確定してくれることを願っています」

いまだに多くの人の心の中には、くり小刀以上の鋭利な刃物で作ったような深い傷跡が消えずに残っている。

第一九章　最高裁の差し戻しと再審開始確定

これらの事実は客観的に見るなら、誰の眼にも無罪という結論を導き出す有力かつ決定的武器なのであります。

（中略）

初めに有罪という歪曲された結論があって、そのために都合のよい解釈を集めて廻すというのでは、これはもう裁判でありません。私から公正な裁判をうける権利さえ奪ってしまったのです。

（中略）

さて、とみに反動の波高い最高裁に於いて公正、平明が必ずや守られるという保証はない。この意味で、冤罪者が裁判の正義を託せるものがあるとしたら。それは唯一皆様であります。どうか皆様方の厳しい監視によって司法権の混迷に楔を打ち、全ての裁判官に公正と正義を堅持させて下さい。

心ある貴方へ。

（一九七九年一一月八日、支援者あて書簡より）

最高裁の差し戻しを受けた高裁再審決定が確定

二〇一八年に東京高裁で取り消された袴田の再審開始決定は、弁護側が特別抗告し、最高裁で審理が続けられていた。二〇二〇年一二月二二日、東京高裁の再審開始決定取り消し決定について、最高裁第三小法廷の林道晴裁判長は、

〈審理が尽くされていない〉

〈東京高裁の取り消し決定は著しく正義に反する〉

として、審理を東京高裁に差し戻した。

そして、東京高裁は、二〇二三年三月一三日、改めて再審開始を決定。これに対し特別抗告し再び最高裁での争いに持ち込むと見られていた検察はそれを断念することになり、再審開始が確定した。

東京高裁の大善文男裁判長は、差し戻し審の段階で静岡地検に足を運び、検察側の味噌漬け実験を直接確認したほか、審理終盤の二〇二二年一二月には袴田と面会し「お体はどうですか」と問いかけるなど、人間味あふれる訴訟指揮を取った。再審開始決定の理由について大善裁判長は、

〈以上に検討したとおり、原審（二〇一四年三月の静岡地裁の再審開始決定）において提

出された前記味噌漬け実験報告書等の新証拠は、「無罪を言い渡すべき明らかな証拠」に該当する。したがって、前記味噌漬け実験報告書等について、刑訴法四三五条六号にいう「無罪を言い渡すべき明らかな証拠」であると認めた原決定の判断には誤りはなく、本件再審を開始するとした原決定も、その結論において是認できる。

そして、原審は、本件再審開始決定に際して、A（袴田）に対する死刑及び拘置の執行を停止する旨の決定をしたが、同決定についても、Aが無罪になる可能性、本件再審開始決定に至る経緯、Aの年齢や心身の状況等に照らして、相当として支持できる〉

とし、結論として、

〈本件即時抗告の趣意は理由がない〉

と結んでいる。

これは、ほぼ無罪判決と同義である。事件から五七年、獄中四八年、釈放からは九年の歳月を経て、ようやくあたり前のことが現実に近づいた。このことを姉・ひで子は袴田に、

「もう大丈夫。安心しな」

と伝えた。袴田は無言だったという。

袴田が犯人でないことに気づいている

死刑確定囚としては裁判史上五人目の、再審無罪確定が現実味を帯びてきた。死刑確定から再審無罪を勝ち取って生還したのは、これまで四人。

しかし、過去に四人が生還できた一方で、恐ろしい事実がある。無実である可能性がありながら、死刑が執行されてしまった例があると指摘されているのだ。敗戦後すぐの福岡事件の西武雄や、一九九二年に起きた飯塚事件の久間三千年（二〇二四年六月一〇日、妻が第二次再審請求審で福岡高裁に即時抗告）などである。久間有罪の根拠とされたDNA鑑定はこのころ技術的にまだ不正確で、別のいくつかの重大事件でも証拠とされながら、その問題点が指摘されている。久間元死刑囚の死刑が、確定からちょうど二年後という異例の早さで執行されたのは、それを隠すために当局が急いだのではないかともいわれている。もはや取り返しがつかない。これ以外にも、小さな冤罪事件はそれこそ枚挙にいとまがない。命はあっても人生の歯車が大きく狂ってしまう。

刑事訴訟法四七五条二項は、死刑確定から六カ月以内に執行しなければならないと規定している。二〇二二年七月二六日、秋葉原通り魔事件の加藤智大死刑囚が処刑された。加藤は、死刑確定から七年五カ月経ってからの執行だった。また、二〇一二～二〇二一年の一〇年間において、死刑を執行された者の、刑確定から死刑が執行されるまでの平均期間は、約七年九カ月となっている。

袴田の死刑が確定したのは一九八〇年。すでに四四年もの間、確定死刑囚のまま執行されずにいる。これは何を意味するのか。

法相も法務省も検察も、袴田が犯人でないことに気づいているのである。さすがにそれを処刑することはできない。といって、いまさら「無実でした」とみずからの汚点を認めて引き返す勇気もない。だから再審請求審でできるだけ引き延ばして時間稼ぎをし、あわよくば袴田が鬼籍に入るのを待っているかのようである。

古川禎久元法務大臣は死刑制度について会見でこう発言したことがある。

「死刑の判決は、極めて凶悪かつ重大な罪を犯した者に対し、裁判所が慎重な審理を尽くした上で言い渡すものですから、法務大臣としては、裁判所の判断を尊重しつつ、法の定めるところに従って、慎重かつ厳正に対処すべきものと考えています」

二〇二三年三月の東京高裁の再審開始決定に対し、検察側が再度の最高裁への特別抗告を断念したのは、完膚なきまでに叩きのめされた東京高裁の「決定」に対し、特別抗告する理由がついに見出せなかったからである。白旗をあげたのだ。

「五点の衣類」については、今回の東京高裁の決定でも「捜査側の捏造」の蓋然性が指摘されている。つまり、肉眼では判別できないほどの血しかついていないパジャマでは証拠能力が低いと踏んだ捜査側が捏造した証拠なのである。

この差し戻し審での要諦は、事件の一年二カ月後に見つかった前出の重要証拠「五点の衣類」が犯行時の着衣と言えるのかどうか、という点だった。

五点の衣類に付いた血痕は赤みが残っていたことから、

〈一年以上味噌漬けにされていたと確定判決が認定した事実に合理的な疑いを生じさせる〉

と大善文男裁判長は判断。さらに、

〈事件から相当期間経過した後に第三者が隠匿した可能性が否定できず、事実上、捜査機関の者による可能性が極めて高い〉

と、証拠捏造に言及し、再審開始を認めた静岡地裁決定を支持したのである。

決定書を受け取った姉・ひで子は涙ながらにこう語った。

「皆さま、ありがとうございます。再審開始になりました。本当にうれしいです。私はね、五七年間戦っているんですよ。本当にこの日が来るのを心待ちにしておりました。これでやっと肩の荷が下りたという感じです」


同じ頃、袴田は支援者の車で天竜川沿いをドライブしていた。支援者から「今日、とってもいいことがあったの」と聞いた袴田は笑顔で応えたという。その後、袴田は、

「(今日は)まあ勝つ日だと思うがね。最後の結果がこれから出るんだね」

検察はこれ以上の抵抗をすることができなかったのである。東京高等検察庁の山元裕史次席検事は、

「特別抗告の申し立て事由があるとの判断に至らず、抗告しないことにしました」

とのコメントを発表した。事実上の敗北宣言である。

これにより、ついに静岡地裁で再審公判が開かれることとなった。

一日一日の積み重ねの先にしか未来はない。その道程の結果が、再審無罪確定まで辿り着く歩みとなるのである。

第二〇章　再審法廷

車椅子の西嶋団長を先頭に地裁入りした 2023 年の「再審」初公判

神さま。僕は犯人ではありません。僕は毎日叫んでいます。ここ静岡の風に乗って、世間の人々の耳に届くことを、ただひたすらに祈って僕は叫ぶ。

お母さん、人生とは七転八起とか申します。最後に笑う人が勝つとか申します。また皆さんと笑って話すときが絶対に来ます。（一九六七年二月、母あての書簡より）

再審でも有罪立証で争う検察

静岡地裁の再審開始決定と同時に釈放された袴田が、故郷の浜松市で暮らし一〇年が過ぎていた。七八歳で釈放され、八八歳になった。街中で幼い子どもたちと対面したときなどに目を細めることはあったが、心からの笑顔はまだ出ていないように見える。釈放からの数年間は、

「獄中にいたときの緊張感の名残りなのか、あくびをすることが一度もなかった」

とひで子は語っている。

再審請求の要件に「無罪などを言い渡すべき明らかな新証拠を発見した場合」といった

非常に高いハードルを設け、再審請求審で実質的な有罪無罪の判断をする日本の再審制度では、再審が決まったことそれ自体で確定判決（死刑）が見直される公算が高い。間もなく無実が証明され、死刑囚の長き軛《くびき》から解き放たれる。その過酷な人生から殺人犯という棘が抜かれる。そのとき袴田は破顔一笑してくれるだろうか。

検察の出方次第では早期決着の可能性もあったが、彼らは再審公判であらためて「五点の衣類」に「赤みが残る可能性がある」とする専門家の鑑定書を新証拠として用意するなど有罪立証する方針だという。これにより無罪を求める弁護側と、有罪維持の証拠を立証する立場を採った検察側が再審でも双方の主張を戦わせることとなり、公判の回数が増え、判決まで時間がかかる見通しとなった。一方で裁判所は二〇二四年中には判決を出すことも明らかにしていた。ひで子は再審公判開始を前に次のようなコメントを出した。

「私たちの裁判もあと半年から一年で決着がつきます。私は、絶対に弟の無罪を勝ち取ろうと五七年戦ってきたのです。もう結果は明白です。あと少しで決着します。巖は無罪、無実です。絶対に無罪判決を勝ち取っていきたいと思います」

そしてさらにこう付け加えた。

「あと一年だから、今できることは何でもやる。検察には一〇〇歳まで戦わせないでとお願いしました」

五七年も前の殺人事件がようやくやり直しの初公判を迎えた。一九八〇年に最高裁で死刑が確定し、翌年から始まった再審請求が四二年の歳月をかけてついに実を結んだのだ。すでに多くの人が袴田の無実を信じ、もっとも有名な死刑冤罪と目される事件の再審ということもあり、二〇二三年一〇月二七日の初公判には朝早くから傍聴希望者三〇〇人近くが静岡地方裁判所で列を作った。一般傍聴席は二六席。およそ一一倍の競争率だ。

裁判所により出廷を免除されている袴田に代わり、ひで子が「補佐人」として裁判に参加した。地裁に隣接する弁護士会館で待機していたひで子を、大崎事件弁護団事務局長の鴨志田祐美弁護士が激励に訪れ、抱擁を交わした。そのとき鴨志田は、ひで子がとても小さく感じたという。

「ひで子さん大丈夫？　ちょっと痩せたんじゃない？」
「いや、大丈夫よ。まだ四五キロあるから」
「え、四五キロ！　私の体重分けてあげたいわ（笑）」

と会話を交わした。ひで子は気っぷの良い言動から一見、元気そうに見えるが、さすがに疲労の色が濃く見えた。

「裁判が終わって出てきたところをテレビ越しに見ましたが、その後も記者会見が二時間もありましたしね」

と鴨志田はその体調を心配していた。

午前一一時、静岡地裁（国井恒志裁判長）で歴史的な再審初公判が始まった。傍聴席を含め、法廷内には張り詰めた空気が漂っていた。検察側は比較的若い検察官が三名、対する弁護側は総勢一八名もの弁護士とひで子が三列に並んで座っていた。

再審の最大の争点は「五点の衣類」に証拠能力があるか否か。東京高裁は三月の再審開始決定で、衣類に付着した血痕の赤みについて「一年以上味噌に漬かっていれば黒褐色になる」とし、「五点の衣類」は後で捜査機関が味噌タンクに隠した「捏造証拠の可能性が極めて高い」としていた。

ここまで踏み込んだ認定をされて再審に至ったにもかかわらず、この日、冒頭陳述で検察は、

「（袴田が）被害者を突き刺し、現金などを奪って放火し（被害者四人を）殺害した」

「（『五点の衣類』の血痕については）赤みが残りうることを立証していく」

「被告（袴田）の犯人性を裏付けていく」

などと、またもや袴田の有罪を主張した。

「味噌に一年ほど漬かっても血痕の赤みが残りうる」、そんな脆弱な可能性論だけで有罪立証とし、「死刑」を宣告されてはたまったものではない。そもそもこの論点は再審請求審ですでに結論が出ていることで、検察側の主張は「蒸し返し」以外の何物でもなかった。

これに対し弁護側の冒頭陳述では、弁護団事務局長の小川秀世弁護士が「検察側の有罪立証は不可能」と反論。「有罪立証を放棄することこそが検察官の職責」であると強く訴え、状況証拠から犯行は金銭目的の単独犯ではなく怨恨による複数犯によるものであり袴田は無実であると主張。焦点の「五点の衣類」について次のように断じた。

「警察は袴田さんの逮捕後、長時間の取調べで自供させ、それに合わせて虚偽の証拠を作ろうとした。自白調書の日付や内容も変造したが、もっと大掛かりな捏造をせざるを得なくなった。これが事件から一年二カ月後、味噌タンクから発見された五点の衣類だ」

小川弁護士はさらに検察官たちに向かって諭すように言った。

「袴田巖さんに今日のこの日に出廷できぬほどのダメージを与え続けたのは野蛮な警察、検察です。過去に、先輩たちが起こしたことはあなたたちの責任ではない。ですからどうかこれ以上の有罪立証はやめてほしい」

「艱難辛苦がございました」

被告の罪状認否では、この場にいない袴田に代わり証言台に立った姉のひで子が力のこもった声で、ときに声を震わせながらこう訴えた。

〈袴田ひで子でございます。一九六六年一一月一五日、静岡地裁の初公判で弟の巖は無実を主張しました。それから五七年にわたって紆余曲折、艱難辛苦がございました。本日、再審裁判で、再び私も、弟の巖に代わりまして無実を主張いたします。

長き裁判で、裁判所、ならびに弁護士および検察庁の皆様方には大変お世話になりました。どうぞ、弟の巖に真の自由をお与えくださいますようお願い申し上げます〉

これまでひで子は一般的に非公開の三者協議（裁判官、検察官、弁護士）で審理される再審請求審では意見陳述したことがあったが、傍聴人もメディアもいる公開の法廷に立ったのはこれが初めてだった。ひで子が振り返る。

「私は九〇歳にして初めて公開の法廷に立ちましたの。緊張しなかったと言ったら嘘になりますし、最後は無意識のうちに声が震えてきました」

この「紆余曲折、艱難辛苦がございました」という言葉を傍聴席で聞いた「無実の死刑囚・袴田巖さんを救う会」の溜口郁子は、

「特に、艱難辛苦という言葉を聞いて胸が熱く締めつけられました」

と語った。万感こもった言葉に胸打たれたのは、傍聴していた人ばかりではなかった。

「弁護人席にいた女性弁護士の方は、半世紀を超える姉弟の苦労が伝わってきたのか涙を抑えきれない様子でした。それがまた傍聴人の涙を誘っていました」

と傍聴席にいた五〇代男性は話した。

過酷という言葉では到底、言いおおせない袴田とひで子のこの五七年。毎朝、死が目の前に迫る極限状態にも長らく晒され続けたが、今ようやく真の答えが導かれようとしている。それが「紆余曲折、艱難辛苦」という言葉に凝縮されていた。

今回の再審公判はもちろん被告が犯人かどうか、袴田が裁かれる裁判である。しかし弁護団の小川弁護士はこう強調する。

「裁かれなければいけないのは、信じがたいほど酷い冤罪事件を生み出してしまったこの国の司法制度です」

これは小川弁護士が法廷で述べた冒頭陳述と重なる内容だ。

「それは、証拠の捏造までして袴田さんを犯人に仕立て上げようとした警察や検察、それを見抜けなかった裁判所、そしてここまで時間をかけなければ真実の認定に近づけなかった我々を含めて、です」

裁判官も検察官も人間ゆえに千慮の一失ということもあるだろう。しかし裁判や再審請求の過程で虚心坦懐に事実に向き合えば、この事件は虚偽自白と捏造証拠に基づく冤罪だと気づいた関係者も多かったのではないだろうか。

真に裁かれるべきは司法にあり、である。

一一月一〇日の第二回公判。朝から冷たく細かい雨が降り続き肌寒い日だった。そのためか二六席の傍聴券を求めた希望者は、初公判のときの三分の一に満たない八九名だった。

裁判所前の駿府城公園で傘を差しながら佇んでいる旧知の男性に気づいた。

高橋国明、七三歳。凶器のくり小刀を袴田が購入したとされた沼津の菊光刃物店店主の長男で、事件について重要な事実を知る生き証人だ。国明の母・みどりは再審開始決定の一カ月前、二〇二三年二月に九七歳で老衰のため亡くなっていた。みどりもまた、事件に翻弄された一人である。国明は母に代わり、袴田の再審無罪を見届けようと初公判に続き静岡地裁を訪れていたのだった。

この日は弁護側が、袴田を犯人と主張する検察の矛盾点を指摘していった。

犯行に使われたとされるくり小刀の実物も提示され、廷内のスクリーンに映し出された。鈍色にくすんだ刃に五七年の歳月が重なる。聞いていた通り、被害者四人に四〇カ所以上の傷を負わせたにしては、不思議なことに刃こぼれもなく折れ曲がってもいない。

「このくり小刀では、被害者にある傷は作れず犯行は困難」

「一二センチのこの小さな刃物で四人も殺せますか」

と弁護団は語気を強めた。

傍聴していたライターの中川真緒は事件のあった静岡市清水区在住で、比較的最近になって事件に関心を持ったという。

「くり小刀の実物を見たのは貴重な体験でした。凶器というにはまったく似合わない小さな刃物で、四人も殺害できるとはとても思えませんでした。冤罪というものを作り上げるのは一人ひとりの人間であると強く感じました」

弁護団はほかにも、犯行時袴田が着用していたとされる雨合羽、放火に使用されたとされる混合油のポリ樽、袴田のゴム草履などを提示した。みな身を乗り出すように見つめていた。ゴム草履には、血痕も油も付着していないという鑑定書も示された。

実物の証拠を提示し、袴田の犯人性を否定する弁護側の主張は明快だった。

公判後、ひで子は笑顔を見せ、自信をのぞかせた。

「今日の公判はいい内容でした。弁護士さんが捜査資料を一生懸命に読み込んでくれていることがよくわかりました。もとより私は冤罪だと思っていますが」

「五点の衣類」をめぐる全面対決

前回の雨と打って変わり、第三回公判はスカイブルーの好天に恵まれた。

史上五件目、三六年ぶりの死刑確定事件の再審ということもあり、社会的にも大きな注目を集める袴田の再審。午前八時三〇分の整理券配布から傍聴希望者が多く集まり、傍聴できない人が多数出ることは容易に予測できた。にもかかわらずこの再審公判が開かれているのは、静岡地裁でも大きくはない二〇二号法廷。一般傍聴者は最大三〇名弱しか入れない。これでは裁判公開の原則、開かれた司法とは名ばかりと言わざるを得なかった。

ジャーナリストの江川紹子らは、地裁で最大の二〇一号法廷で審理を行うことと、別室にモニターを設置し、傍聴できるようにすることを求めて、事前に要望書を提出していた。ところがこの要望を裁判所はまったく顧みることなく、二〇一号法廷が空いているにもかかわらず審理は二〇二号法廷で開かれていた。その理由を静岡地裁に問い合わせたが、「裁判体としての決定です」と木で鼻をくくったような答えだった。袴田再審という特異な出来事に集まっている国民の関心に、裁判所は応える気がまったくないようだった。

この日の法廷では「五点の衣類」について、検察側はあらためてこれが袴田の犯行着衣であり、この証拠に基づき袴田が犯人であると従前の主張を繰り返した。再審開始決定や弁護側の主張が「五点の衣類は捜査機関によって捏造された」と指摘している点については、「非現実的で実行は不可能」と強く否定した。裁判は、検察側の「五点の衣類は被告のもので犯行着衣」との主張に対し、弁護側は「捏造証拠だ」という全面対決の様相を呈してきた。

しかしこの「五点の衣類」をめぐる攻防はすでに何度も十分な検討が加えられ、結論が出ていることではないのか。二〇一四年の静岡地裁（村山浩昭裁判長）は再審開始決定で、「五点の衣類」は「捜査機関が捏造した疑いがある」と踏み込んで指摘した。さらに二〇二三年三月の東京高裁（大善文男裁判長）の再審開始決定でも、「捏造された可能性が極めて高い」との判断がなされている。こうした判断があっての再審開始なのである。それでもなお検察側は、袴田の犯行着衣との主張を繰り返している。重ねて言うがこれは明らかな議論の蒸し返しであり、非常に厚顔無恥な主張ではないのか。

検察側は、味噌タンクから発見されたネズミ色のスポーツシャツ、白の半袖シャツ、鉄紺色のズボン、白のステテコ、緑のパンツの五点の衣類は、血痕の付着状況などから「犯行着衣として自然だ」とし、元同僚の証言などから「事件の前に被告が着用していた衣類と酷似する」として袴田のものだと強調した。また鉄紺色のズボンの共布が袴田の実家から発見されていることから「被告のズボンだ」と重ねて主張した。

既述の通り、ズボンは三度の装着実験（確定控訴審）で袴田には小さすぎて穿くことができず、その共布も再捜索でいとも簡単に見つかった経緯から捏造が指摘されている。

こうして検察側の主張を俯瞰してみると、そのすべてが従来までの主張と同じであることがわかる。再審で有罪立証すると言いながら、検察側にはもはや「手持ちの武器」がないことを示していた。

その一方で検察は、弁護側の主張する捏造に関して「合理的な根拠がない」と反論した。

五点の衣類を味噌タンクに隠匿することは、「味噌会社の協力なしには著しく困難」であり、従業員などの告発から捏造が公になるリスクが高いなどの理由をあげ、「大規模な捏造計画を企図し、実行することは考え難い」と主張した。

公判後の記者会見で弁護団長の西嶋勝彦弁護士は、

「『検察は捏造というそんな酷いことはしない』などと、白々しくよくそんなことが言えたものだ」

と語気を強めた。ひで子も検察の態度を次のように切って捨てた。

「きょうの裁判は、何か書いてあるものを読んでいるだけという感じでしてね、黙って聞いておりましたけど、味噌工場のタンクは味噌会社のたっての希望で検査しなかったというんですよ。そんな馬鹿なと思って聞いておりましたが。だから、これじゃあ冤罪はなかなかなくならないなと思いました」

小川弁護士は、

「きょうの検察の主張は非常に弱いところばかりで、枯れ木も山の賑わいという印象を持ちました。五点の衣類が犯行着衣であるかという再審請求審で一番問題になったところ、最高裁が問題にしたところの主張立証が一番簡単で、素通りしていく感じでした」

第四回公判で弁護側は、検察側が犯行着衣と主張する「五点の衣類」のうちズボンとステテコの実物を法廷で公開し、「（捜査側の）捏造以外にあり得ない」と強調するなど審理は核心に迫ってきた。

午後には「五点の衣類」の実物が法廷で公開される。昼休みを挟み、審理が再開される直前、国井裁判長が傍聴席に向かってこう切り出した。

「午後の法廷は異臭が漂うので、異臭に弱い人は退廷してください」

傍聴席三列目にいた浜松市の六八歳の男性は何事が起こるのかと思い、つい疑問に感じたことを口にした。

「毒じゃないんですよね」

すると何人かが失笑した。それに反応したのか裁判長は大きな声で、

「次も声を出したら退廷を命じます。席の番号は何番だね」

と言い放った。法廷内にいた職員が席の番号を伝えると、裁判長が言った。

「●●番の席の人、次は退廷です」

傍聴席の男性がこの時のことを振り返って言う。

「法廷は声を出しちゃいかんのですね。その空間は裁判長のもので、我々傍聴人はただじっと黙って聞くだけ見るだけしか許されず、大人しくしていないといけないのですね」

結局、その異臭の元は、「五点の衣類」のズボンとステテコだった。五七年も前の衣類、一年以上も味噌漬けにされたという重要な証拠品。男性によれば、とくに強い異臭は感じない。

「五点の衣類」の公開は弁護側の要求によるものだった。弁護側は『五点の衣類』は袴田さんのものではない」と証明する目的で、犯行着衣とされる鉄紺色のズボンとステテコ、さらに、「五点の衣類」を入れていた麻袋を公開した。発見から五六年が経過し、ステテコは、当初白かった地の色が茶色に変色していた。弁護側は広げた上で、手に持って見てほしいと要望したが、劣化が激しく破損の恐れがあるとして、テーブルの上に置いて示されたにとどまった。また、麻袋も段ボールの中に入ったままの状態で証拠として示された。

法壇の中央にいた国井裁判長は弁護団に促され、その場で立ち上がって衣類を見ていた。左陪席の裁判官は証言台近くまで移動してそれらを見つめていた。

弁護団は、「五点の衣類」が捏造である根拠の一つとして、ズボンの下に穿くステテコのサイズが、ズボンよりもかなり大きいことへの違和感も訴えた。

また弁護側は、「五点の衣類」に似た白や緑の生地を一年二カ月間味噌に漬ける実験をしたところ、味噌の色に染まることが確認されたと主張。だが発見された時の「五点の衣類」は元々の生地に近い色の白や緑のままで見つかっているとし、

「一年二カ月も味噌に漬かってはいないことをはっきり示している。発見直前に入れられており、捏造した証拠だと誰でも分かる」

と訴えた。

さらに「五点の衣類」は再審請求審で二度にわたり、事件からしばらくして捜査機関が味噌タンク内に隠匿した捏造の可能性が高いと判断されていることを指摘、

「検察側の主張・立証は確定審から何も変わらず、有罪立証を断念すべきだ」

と指摘した。

公判後の会見で弁護団事務局長の小川秀世弁護士は強い口調でこう言った。

「ステテコはズボンより大きいくらい。そのステテコを穿いて、その上にズボンを穿くということはとても考えられないのではないか」

ステテコについては、ズボンの下に穿いているはずなのに、ズボンよりも血痕が広範囲かつ大量に鮮明に付着していて、不自然極まりない状態だった。

「事実が捏造だから、捏造ということを裁判所にも皆さんにもはっきり認識して欲しかった。捏造をベースに考えれば、血痕の付着状況の不自然さも説明できる」

「検察の立証・説明は矛盾だらけです。矛盾だらけの事実関係を説明できるのは捏造だけです」

一方、検察はこの日の法廷での衣類公開について静岡地検の奥田洋平次席検事が、

「(衣類の状況が)あそこまで変わっていると正確な事実認定を読み取ることは難しく、逆に誤った事実を読み取ってしまう可能性すらあると思う」

とコメント。衣類の状況から捏造とするのは誤りとの認識を示した。


年内最後の再審公判を終え、記者会見でひで子がコメントした。

「弟・巖の裁判のやり直し(再審)は今日(二〇二三年一二月二〇日)、第五回目の公判が静岡地裁で開かれました。

弁護団の先生方と私は、法廷で証言台を挟んで三名の検察官と対峙する格好で向き合っています。検察官は、事件の起きたときと変わらず巖の犯行と主張しています。この期に及んで、まだ巖に死刑を求刑するというのでしょうか。それに対して、この日、弁護団は

論理的な反論を試みました。その反論は素晴らしかった。検察官の主張に対して弁護士さんが反論しているのを聞いていると、検察官三人が次第に小さく見えてきたんです。その表情も、自信がなさそうに見えました。だからねえ、これはもう絶対に勝つ、と思ったんです。弁護士の反論はとても素晴らしく明快でした。感謝しております」

一二月二〇日の第五回公判では、「五点の衣類」が発見されるまで犯行着衣とされていたパジャマが証拠として開示された。弁護団はパジャマを法廷で示しながら、「証拠の価値がない」と一蹴した。このパジャマは事件直後から警察のリークにより「血染めのパジャマ」と報道されたものの、実際には、肉眼では確認できないほどの染みがある程度だった。

この日、傍聴席から開示されたパジャマを見た四〇代の女性はこう話した。

「実際に見ると、血染めどころか、血痕らしきものは傍聴席からはほとんど見えませんでした。捜査側ははじめから捏造に手を染めていたんですね」

ひで子がこれまでの再審の感触を率直に話してくれた。

「再審はこれで五回が終了しました。検察官はこれまでと同じ主張を繰り返し、弁護団の反論はとてもクリアで、いい流れで進んでいると思います。ですから、もう勝利は目の前だと感じておりますが、年明けすぐからまた公判があります。裁判が終わるまでがんばっていこうと思っています。巖は犯人ではないのですから。

巖はね、四人も惨殺するような人間ではありません。どちらかというと寡黙で大人しいような人間です」

「裁判は春から初夏にかけて結審し、その後判決が出るでしょう。私は、必ず無罪判決が出ると信じています。なぜなら、巖は無実なのですから。

いま巖は私と家で暮らしています。一つ屋根の下に弟がいる。手が届くところに巖がいる。私はそのことをとてもうれしく感じます。

無罪が決まったら巖とのんびり旅でもしたいですね」

満身創痍で戦ってきた西嶋団長の死

袴田の再審公判は、年が明けて二〇二四年一月一六日と一七日の両日に行われた。

一六日午前一一時、国井裁判長が、

「定刻になりましたので開廷いたします。本日は、弁護側の主張立証になります」

と宣言し、第六回公判が始まった。法壇に向かって左側にある弁護団席の最前列左側、裁判官に一番近い席にいつも座っていた弁護団長・西嶋勝彦弁護士の姿がなく、そこには事務局長の小川秀世弁護士が着席していた。ひで子はこの日の朝、弁護団や支援者とともに地裁へ入る際、やや硬い表情で西嶋団長の遺影を胸に抱いて入って来ていた。

福岡県出身の西嶋団長は、中央大学法学部を経て、袴田事件が起きる前年の一九六五年に弁護士登録。八海《やかい》事件（一九五一年）や徳島ラジオ商事件（一九五三年）、仁保《にほ》事件（一九五四年）、島田事件（一九五四年）など、数々の重大冤罪事件をいずれも無罪に導き、「無罪請負人」「冤罪事件弁護の泰斗」などと称された。その確かな手法は弁護士仲間からはもちろん、多くの関係者から信頼を得ていた。一九九〇年からは袴田事件弁護団に加わり、二〇〇四年から団長をつとめていた。

二〇二一年からは間質性肺炎の治療をしながら活動を続け、ついにこぎ着けた再審では二〇二三年一〇月の初公判から一二月の第五回公判まで酸素吸入ボンベを付け車椅子で参加していた。まさに満身創痍だったのだ。一月七日に東京都内の自宅で倒れているところを家族が見つけ、病院で死去が確認された。享年八二。ひで子は、

「昨年一二月、弁護団の控室で冗談を言って笑い合っていたのに。あんなにお元気だった

のに、まさかお亡くなりになるなんて考えもしませんでした。巖の無罪判決も聞いてほしかった。私の年くらいまでは生きていていただきたかった。長いあいだ本当にお世話になり感謝の気持ちしかありません」

と弔《とむら》いの気持ちを語った。

西嶋団長の今年の年賀状には、次のような俳句が二句添えられていた。

〈春が来る　袴田姉弟　雪冤だ〉

〈小春日に　駿河路通い　車椅子〉

志半ばで急逝した西嶋団長は、「無罪判決」が出ることを草葉の陰から見守っているに違いない。


この日の法廷でもっとも注目されたのは、弁護側からまったく新たな事実が指摘されたことだった。

それは被害者の遺体の写真から、手首や足首に縄で縛ったような痕が確認できるというものだ。痕だけでなく、遺体の近くには縄そのものの断片のようなものも写っている。さらに、刃物による刺し傷が被害者の胸に集中していることなどから、真犯人は四人の被害者を縄で縛り身動きできない状態にした上で殺害したと弁護団は主張した。

この事実を二〇二四年になって発見したという小川弁護士は、

「被害者は縛られ寝かされて、抵抗できない状態で刺された。犯行の態様は金銭目的の袴田さんの単独犯というのは誤りで、怨恨による複数犯による犯行であることが確実だ」と訴えた。

これに対し静岡地検は閉廷後に「この写真からはロープ痕と判断することはできない」と反論。また複数犯説についても、「遺体には縛られた痕もひももない」とし、袴田の単独犯行であるとした。弁護団の新証拠をめぐっても新たに見解が対立することになった。

そんなやり取りのなかで、小川弁護士の「異議あり」という鋭い声が何度か法廷内に響くことがあった。検察の独り善がりな主張に対し、「事実の取捨選択をしており客観性がない」「証拠に基づいておらず、検察官の想像に過ぎない」と都度、異議を申し立てていた。これらの異議は裁判長によって取り上げられることはほとんどなかったが、検察側の勢いを明らかに削いでいた。

二月一五日の第九回公判で弁護団は、検察側の有罪立証の要件として、

「衣類が一年以上味噌漬けにされたことが間違いなく、それでも赤みが残るとの証明なくして有罪はあり得ない」

と主張したが、検察側は、

「犯行着衣だと指し示すさまざまな証拠がある。付着した血痕に赤みが残る可能性があれば犯行着衣だ」

といった論の展開を始めた。これは甚だ都合の良い可能性論である。つまり、赤みが残る可能性はあるのか。あるとしてそれだけで犯行着衣とどうして言えるのか。弁護団の笹森学弁護士は、こう言い切った。

「実験もせずに、赤みが残る可能性を述べるだけで、検察は抽象的可能性でよいと居直った。衣類に赤みが残ることが間違いないとの立証には至っていない」

血痕に赤みが残るのか、残らないのか。そしてそれは、袴田の犯行とどう結びつくのか。地裁は五人の法医学者らの証人尋問を第一〇回公判以降に実施することを決めていた。最終局面に入り、弁護側と検察側の激しい応酬が続いていた。

赤か黒か――

「良心にしたがって本当のことを申しあげます。知っていることを隠したり、ないことを申しあげたりなど、決していたしません。右のとおり誓います」

緊張感が高まる。三月二五日一一時。静岡地裁二〇二号法廷で検察側と弁護側の証人二人ずつ計四人が横一列に並び宣誓を行った。張り詰めた空気の中、注目の証人尋問が始まった。この日から三日間連続で行われる証人尋問が、再審公判の判決に大きな影響を与えることは論を俟《ま》たない。焦点は、犯行着衣とされた「五点の衣類」に付着していた血痕が、味噌タンクの中で一年二カ月を経ても赤みが残るのか、それとも、黒色化するのかということ。それを法医学者ら四人の専門家が科学者の視点で証言した。

つまり、「五点の衣類」に付着した血痕の色が問題だった。一年以上経過しても赤みが残るのか、それとも黒色化するのか。弁護側は黒くなると言い、検察側は赤みが残る可能性があるという。スタンダールではないが、「赤か黒か」、そこが問題だった。

最初に証言台に立った証人は、池田典昭・九州大名誉教授。検察側の証人だ。

池田の証言は冒頭から驚きの連続だった。まるで弁護側の証人として証言しているかのように聞こえた。傍聴席からは大きなどよめきが起き、弁護士たちも「おお！」と顔を見合わせている。

——弁護側の鑑定書で赤みが残らないとの結論についてどのように感じた？

との質問に対し、池田証人は、

「一年以上味噌漬けされた血痕には赤みは残らない。だから黒くなるという結論は正しい」

——一年以上味噌漬けされた血痕に赤みが残るか。一年以上味噌漬けされたかどうかに疑問がある？

「はい」

血痕が一年以上味噌漬けにされれば赤みが残らない。それは当然だというのだ。黒色化するメカニズムは正しいというのだ。これは弁護側が主張しているものだ。それに理解を示したような格好だ。検察官たちは首をひねっている。さらに、赤みが残らないことについてどう思うか、と問われると、

「赤みが残らないことは常識中の常識。違和感がある。無理がある。赤みが残るかどうか、本来残るわけがない」

「普通に考えれば赤みが残ることはない」

ここに至ると、弁護団席からは失笑が漏れた。さらに、

――「五点の衣類」の写真を見ての印象は？

と問われ、

「五点の衣類の写真は味噌漬けにされたにしてはあまりにも白く違和感があった」

それほど長く味噌漬けにされたものではない、というように聞こえた。ここまでの証言はみな、弁護側の見解に沿うような内容だ。まるでオウンゴールではないか。池田証人はなぜそうした発言をしたのか。恐らくだが、池田証人は科学者の良心からそうした発言に至ったのではないか。それではマズイと感じたのか発言を徐々に修正していった。例外条件を考慮しなければならない。それは、血液と血痕の性質の違い、酸素濃度や乾燥という変色の進行を阻害する要因が弁護側の鑑定では考慮されていないとした。ただこれでも検察側が、赤みが残ることを証明できたわけではない。

その後証言台に立った神田《こうだ》芳郎・久留米大教授は、

「赤みという表現は非常に主観的なもの」という前提に立ちながらも、

「赤みは残り得る」

と明言した。

「当時の味噌タンク内の酸素濃度や乾燥状態などの条件は、正確には想定できない」

と述べ、赤みが残らないとした東京高裁の決定を「科学的リテラシーがない」と疑問視した。

「血痕に赤みが残る可能性は、いろいろな条件を考えれば否定できない」

とも神田証人は証言したが、依然として赤みが残ることを証明できたわけではなかった。

翌三月二六日には、証人尋問二日目（第一一回公判）が行われた。

この日は、前日に引き続き神田証人への尋問から始まった。神田証人は検察側の「共同鑑定書」を主導した人物。そこでは「赤みは残り得る」としているが、この日、弁護側の証人として出廷した清水恵子・旭川医大教授は次のように強く反論した。

「普遍的な科学論争から逸脱する稀な事象。共同鑑定書は抽象的な可能性を指摘するだけで科学的な反証とは言えない」

共同鑑定書は、味噌タンク内に隠された「五点の衣類」には、酸素が少なく、血痕の黒色化のスピードが遅く、赤みが残る可能性があるとしているが、では実際に、どういう状況の際に、どのくらいの酸素濃度のとき赤みが残る可能性があるのかは明言されていない。

清水証人はこれに対し、

「黒色化の進行に十分な酸素があった」

と反論。確かに、神田証人の証言や共同鑑定書だけでは、「赤みが残る」とは言い切れない。

前日のオウンゴールも含め、こうした攻防から、弁護団は無罪判決に自信を深めていった。

三日目の三月二七日、第一二回公判。

この日は「赤みが残る可能性は否定できない」とする検察側の専門家と「赤みは残らない」と主張する弁護側の専門家計五人に対して同時に尋問を行う〝対質尋問〟が行われた。

裁判官　一年以上味噌に漬かった血痕の赤みが黒く変色するメカニズムに異論はありますか？

清水証人（弁護側）　ありません。

池田証人（検察側）　ないです。

裁判官　当時の状況を踏まえて赤みが残る可能性はありますか？

神田証人（検察側）　当時の状況をふまえて可能性が「ない」とは言えません。弁護側が「赤みが残らない」と断言していることに違和感を感じます。

清水証人　当時の状況を一〇〇パーセント再現することは不可能ですが、科学者として実証実験を行い、より起こり得る現象を結果として導き出しています。赤みは残りません。検察側の証人は「必ず赤みを失うとまでは言えない」という曖昧模糊な主張だ。こんな主張が有罪立証の名に値するというのだろうか。

もし検察が袴田を有罪にしたいのであれば「『五点の衣類』がほぼ間違いのない証拠だ」と立証することが必要で、それが出来ず終わってしまえば「無罪推定」の原則に従って無罪になる。だから赤みが残るのかどうかはっきりわからないとなると、弁護側は「『五点の衣類』が袴田有罪の証拠といえるかどうかわからない」というところまで裁判官にわからせればいい。どちらにも決定打がないとすると、無罪となるのが順当ではないか。

赤か黒か――。すでに雌雄は決しているように思われる。

一人息子への詫び状

四月二四日の第一四回公判で、審理がほぼ終了した。

「きょうは実質的に最後の裁判ということで、ですので、私はホッとしているんです。長い五八年の闘いでした。五八年分をやるんですから、そりゃあ大変なもんですよ。でもね、検察が何をおっしゃろうと巖は無実でございます。もう勝ったも同然です。私はそう思っております」

こう言って、ひで子は笑顔を見せた。

「巖は無実」「もう勝ったも同然」の部分にひで子が力を込めると、支援者らから大きな拍手が沸き起こった。再審法廷全体を通して、ひで子や弁護団は大きな手応えを感じている様子だった。


再審を通じて検察は「袴田有罪」を貫いてきたが、

「それはね、検察の都合でやっていることなので別に何とも思っておりません」

とひで子は意に介さなかった。

しかし検察側は、「五点の衣類」が味噌に漬かっていた一年二カ月のあいだに血痕のDNAが分解された可能性が高いと反論。

「『五点の衣類』が犯行着衣であることを否定するものではない。弁護側の鑑定は信用できず犯行着衣ではないことを示す証拠にはあたらない」

と訴えた。

袴田の再審開始を取り消した二〇一八年の即時抗告審（東京高裁）の大島隆明裁判長も、

「五点の衣類」が劣化している可能性が高く、「個人を識別する証拠価値はない」として、鑑定結果の信用性を認めなかった。

ＤＮＡ型鑑定で袴田の型と一致せず、「五点の衣類」の赤みの残存にも大きな疑義が生じている。つまり、袴田を有罪とする重要な証拠に明確な疑問符がついているのである。

四月二四日の公判でも検察は袴田有罪説の姿勢を崩そうとしない。血痕に赤みが残る可能性があると言い張り、ＤＮＡ型が劣化した状態のＤＮＡ型鑑定は信用できないともいう。何とも牽強付会な言い分ではないだろうか。見解は真っ二つに割れ、火花が飛んでいる。

二四日の公判、午後の休憩をはさんで審理が再開され、弁護団の事務局長・小川秀世弁護士が立ち上がった。

「検察の意見を再考してほしい。この『主よ、いつまでですか』を証拠として取り上げてください」

『主よ、いつまでですか　無実の死刑囚・袴田巌獄中書簡』（新教出版社）とは、袴田が獄中で綴った手紙や日記などを集めて一冊にまとめた書籍で「無実の死刑囚・袴田巌さんを救う会」が編んだもの。潔白の訴えと再審を願う祈り、肉親への切々たる思いなどが感動的な文章で記されている。身に覚えのない罪で獄中の人となりながらも、決して絶望や自暴自棄に陥ることなく、真実が白日の下にさらされる日を遥かに待ち望みつつ、一日一日を大切にし、ひたむきに生きてきた袴田巖の心情に接することができる。小川弁護士が続ける。

「ここに袴田さんの有名なフレーズがあります。一人息子にあてて書いたもので、父は不当な鉄鎖を断ち切る闘いをしている、という意味のことが記されています。これはまさに袴田さんの人格証拠ではないでしょうか」

　すると検察官も立ち上がり、

「我々は事実と証拠に基づいて証明しているので証拠採用には不同意です」

　とにべもない。小川弁護士は口調を強めた。

「そんなことを言っているのではない。この書籍は、第一次再審請求の際にも採用されているものです。当時の袴田さんの心情を知る上で非常に貴重な証拠です」

　だが検察官も譲らない。

「書籍というものは、編集・編纂されており事実とは異なる部分があり、事実そのものではありません。同意できない」

　激しいやり取りが続いた後、結論は持ち越しとなったが、同書から読み取れるのは、袴田が、この気が遠くなりそうな長い年月の間、終始一貫して無実を訴え続け、紛れもない「無実の意識」を記録し続けることによって、彼の「無実」の傍証となっている点ではないか。冤罪を晴らそうと必死にもがき続けていることが非常によく表現されている。袴田から息子への手紙には、こんな言葉もある。

〈警察はチャン（袴田）を逮捕したが、その間違いは必ず判ってもらえると信じていたが、その道理がこなごなに砕かれてしまった〉

〈私は今度の濡れ衣でお前（息子）の面倒をみてやることができなかった。本当にすまなく悔しくてならない〉

「有罪立証なき死刑求刑」の組織論理

漆黒の闇夜に浮かぶかそけき光。そこを目指すこと幾星霜。多くの市民の無私の力を糧に、半世紀の時間を費やし、袴田と姉のひで子は今、自由という名の大きな扉の前にたどり着いた。あとはその門が、歓声とともに開くのを待つばかりとなった。

前年一〇月から始まった袴田の再審は二〇二四年五月二二日に静岡地裁で一五回目の公判を迎え、この日、結審となった。

これまで半年超の審理の中で検察側は、従前の確定判決と同様に袴田犯人説を繰り返してきた。曰く、

〈犯人は味噌工場関係者であることが強く推認される。袴田さんは犯人の行動を取ることができた〉

〈「五点の衣類」が犯行着衣で事件後、袴田さんが味噌タンクに隠した〉

〈左手中指の傷など、袴田さんが犯人であることを裏づける事情がほかにもある〉

などと主張。よって、袴田が犯人である、という。

一方の弁護側は、

〈被害状況などから、犯人は一人ではなく複数犯。強盗目的でなく怨恨に根ざした犯行〉

〈「五点の衣類」は捜査機関が袴田さんを犯人とするため逮捕後に捜査機関が味噌タンクに隠した捏造証拠だ〉

〈袴田さんの自白は、捜査機関に強要されたもの〉

こう反論し、直接的で確かな証拠はどこにもなく、つまり袴田は犯人ではなく無罪であると主張してきた。

この日の公判では、被害者遺族の意見陳述書を検察官が代読した。事件当時親類宅にいて難を逃れた専務の長女の遺族の意見は以下のようなものだった。

〈尊い四人の命が奪われたことをどうか忘れないでほしい〉

と語りかけ、船で釣りを楽しんだり、東京見物に出かけたりしていたという仲の良かった家族。残された長女は、〈さみしい。一人ぼっちになっちゃった〉と落ち込むことが多かったという。そして、

〈事実を精査し、真実を明らかにしてほしい〉

と陳述書を結んだ。

続いて、体調がすぐれない袴田に代わって出廷している姉・ひで子の最終意見陳述が行われた。

〈ひとたび狙われて、投獄されれば、肉体深く食い込む虐待、あの虚偽、虚構の覆われた部屋、あの果てしなく、底知れぬ眩暈、最早正義はない、立ち上がって、眩暈む、火花、壁に飛び散る赤い血、昔の悲鳴のように、びくりとし、立ち上がっても、投獄されれば、最早帰れない、最早正義はない。十三夜のお月さんが、南東に昇った7時の獄である。

息子よ、お前はまだ小さい、分かってくれるか、チャンの気持ちを、勿論分かりはしないだろう、分からないと知りつつ声の限りに叫びたい衝動に駆られて成らない、そして、胸いっぱいになった、真の怒りをぶちまけたい。チャンが悪い警察官に狙われて逮捕された、昭和四一年八月一八日その時刻は、夜明けであった。お前はお婆さんに見守られて眠っていたはずだ。

今朝方、母さんの夢を見ました、元気でした、夢のように元気でおられたら嬉しいですが、お母さん、遠からず真実を立証して帰りますからね。

弟巖の手紙です。そして、四七年七カ月、投獄されて居りました。獄中にいる時は、辛いとか哀しいとか一切口にしませんでした。

釈放されて、一〇年経ちますが、いまだ拘禁症の後遺症と言いますか、妄想の世界に居り、特に男性への警戒心が強く、男性の訪問には動揺します。玄関の鍵、小窓の鍵など知らないうちに掛けてあります。就寝時には電気をつけたままでないと寝られません。釈放後、多少は回復していると思いますが、心は癒えておりません。

私も一時期夜も眠れなかった時がありました。夜中に目が覚めて巖の事ばかり考えて眠れないので、翌日の、仕事に差支えがあるために、お酒を飲むようになり、アルコール依存症のようになりました、今はと言うより、随分前に回復しております。

今日の最終意見陳述の機会をお与えくださいまして、ありがとうございます。

長き裁判で裁判長様はじめ皆様には大変お世話になりました。

五八年闘って参りました。私も九一歳でございます、巖は八八歳でございます。余命幾ばくもない人生かと思いますが、弟巖を人間らしく過ごさせてくださいますよう、お願い申し上げます。

〈袴田ひで子〉

ひで子は二〇二号法廷の証言台の前に立ち、時折り声を震わせながら、そして時折り声を詰まらせながら、弟の思いを必死に伝えようとしていた。ひで子が意見陳述で朗読したのは、袴田が長期間収容されていたときに母親にあてて書いた手紙などをもとにしている。しかし実際は、この手紙が書かれたときにはすでに母親は他界していた。袴田にはまだそのことを伝えていなかったというその手紙を中心に、ひで子の意見陳述は構成されていた。当時の袴田の心情を理解してもらおうとしたからだ。

昼の休憩をはさんで、午後に検察側の論告求刑が行われた。検察官は淡々とした口調で、袴田に改めて死刑を求刑した。

その刹那、弁護団席にいた田中薫弁護士が抗議の意味を込めてであろう、右手で机を強く叩いた。それは五、六回にわたり、静寂な廷内に響き渡った。ある程度予想された求刑とはいえ、傍聴席からも憤懣やるかたない声が上がった。

「えっ？」

「どういうことだ！」

その直後、田中弁護士の後ろに座っていた村崎修弁護士が手を上げ、

「裁判官！」

と発言を求めた。国井裁判長はそれを顧みることなく、

「休廷します」

と言って村崎弁護士の発言を認めなかった。思いが収まらない村崎弁護士は、弁護人席から立ち上がり検察官席に近づき詰め寄った。するとここでも国井裁判長が制止した。

「休廷です。弁護人、退廷してください」

村崎弁護士が振り返る。

「こんなのないですよ。検察は何一つきちんとした立証ができていません。袴田さんが犯人の可能性があるという程度のことだけでまったく証明になっていない。証明がないのに

死刑求刑なんてできるはずがありません。してはいけないことです」

証明されていないのに死刑にしろ、という。

「これは検察による職権乱用です。ですから私は、検察官に対し職権乱用罪での告訴状を事前に用意していたくらいなんです。無実の袴田さんに対して〝死刑に処す〟という暴挙は殺人未遂罪での告訴でもいいくらいだと今でも思っています。これは、国家による重大な犯罪行為ですよ。こんなことがまかり通るようであれば、日本の司法は崩壊していると言わざるを得ません」

村崎弁護士は、こう語気を強め怒りを隠さない。

論告求刑のあと、休廷を挟んで行われた弁護側の最終弁論は、二〇二三年三月の東京高裁での再審開始決定時と同様、

「検察側の証拠はすべて否定されている。証拠価値のないものだ」

とし、重要証拠とされた「五点の衣類」についても「袴田さんを犯人に仕立て上げるために捜査機関が捏造した証拠」との主張を強調し、無罪を求め結審した。

二〇二三年一〇月から七カ月にわたった再審公判では、死刑を求める検察側と、無罪を

主張する弁護側の闘いの構図は変わらなかった。その中でも、「五点の衣類」に対する弁護側の「捜査機関の捏造」という指摘について検察側がそれを払拭することに心血を注いでいるように見えた。検察側は「五点の衣類」について「袴田さんのもので犯行着衣である。捏造は非現実的だ」と主張し、捏造を否定するのに必死だった。

この再審公判の争点は、重要証拠とされた五点の衣類に残っていた血痕の赤みにある。味噌に一年以上漬かっていたとすると血痕に赤みが残るのかどうか。通常、一年以上味噌に漬かると血痕の色は黒くなる。これは、検察側の証人の証言でも明らかになっている。しかし実際は、鮮やかな赤みが残っていた。これは、衣類発見直前に捜査機関が隠したのではないか。つまり検察側は、一年以上経っても赤みが残ることを証明しなければならなかった。しかしそれはできていない。どういう状況であれば赤みが残り、そういう状況の味噌タンクに衣類が隠されていたということを明らかにする必要があった。しかし検察側はそれができず「赤みが残る可能性がある」と言うにとどまった。袴田が犯人であるという有罪の立証は成立していないのである。

佐賀地検時代には佐賀市農協背任事件の主任検事などを務め、弁護士に転じた現在は日弁連の再審法改正実現本部委員として冤罪防止に取り組んでいる市川寛は、袴田事件における検察の思惑について、「想像ではありますが」と断った上でこう語った。

「こんなデタラメな証拠構造では、袴田さんに無罪判決が下されるのは間違いありません。検察側もそう思っているはずです。ただ一つ、検察が譲れないのは、判決の中で証拠捏造に言及されることです。これだけはどうしても避けたい。もし判決が無罪でも、証拠捏造についてはスルーされるのであれば、恐らく一審で無罪が確定するでしょう。しかし静岡地裁と東京高裁の二度の再審開始決定のように捜査側が重要証拠を捏造したと認定すれば、検察は沽券にかかわることとして控訴してくるでしょう。検察とはそういう組織です」

事件から五八年。再審開始決定で釈放されてからも一〇年が過ぎ、ようやくファイナルラウンド終了のゴングが鳴る。判決は九月二六日に言い渡される。

エピローグ　階段を登りきる日

88歳を迎えた袴田の心からの笑顔を、多くの人が待ち望んでいる

生命の崩壊が、どれほど精神的混迷であるかは、死刑判決を受けたものでないと分からない。思えば、三年半前の今頃は、私は死刑確定で悲痛のどん底であった。あの肌あわだつような感覚は、凡そ一般人の想像を絶する。当時再審の壁は限りなく厚く、気軽に再出発するにはすでに過去が重かった。そうかといって真実に目をつぶり、諦めて行くには無実のこの肉体が承知しない。正に価値の転倒をしなければならない。

（一九八四年一二月七日、獄中日記より）

死刑囚、これは正しく底辺にうごめく者である。俺の望むものは真実である。それが外から内からさまたげられることなく現実となっていけたら、どんなにうれしいか。（中略）事実に基づいて再審開始が好転することは限りなく心強い意識で満ちる。

（一九八二年三月一一日、姉あて書簡より）

歩幅は小さくとも、前進してきた

数奇な、と呼ぶにはあまりにも過酷な運命だった。

一段、二段、三段……。階段を登る。ゆっくりと、手すりにつかまりながら。蔦《つた》が絡まる白亜の建物。休むことなく一気に最上階を目指す。四五段、四六段、そして最後の四七段目まで登りきると、その少し先に、この一〇年あまりを姉・ひで子とともに過ごしてきた自宅がある。四階までの四七階段を毎日、袴田は少なくとも一往復はする。

二〇一四年三月二七日、袴田は四七年七カ月ぶりに釈放された。この年から暮らしている自宅への階段の数が四七段であることはまったくの偶然に過ぎないが、しかし、その一言だけでは片づけられないような何かを感じさせる。この年の一一月二八日、シンポジウムに出席するため島根県松江市を飛行機で訪れた際、袴田の座席番号は「47E」だった。さらに、東京拘置所で同時期に収監されていた元被告によると、袴田は新北舎三階の「四七房」という独居房にひとり押し込められていたともいう。

釈放されてから半年あまりの袴田は、硬い表情の中に感情が浮かぶことはなかった。瞳には微かな怯えのような色を覗かせていたこともある。外出したのは散髪に出かけたときだけだった月もある。八月末に自宅で肺炎などによって倒れ緊急入院。その際、胆石も見つかり除去手術を受けた。一カ月後に退院すると、体調がよくなったのだろう、変化が表れた。温かい風が袴田の心に忍び込んだ。東京や京都などへ、積極的に出かけるようになった。笑顔が格段に多く見られるようになり、会話も弾むようになった。

翌年からはひとりで浜松の街中へ外出することが日課になった。一日に二回、計八時間出かけていた時期もある。トレーニングウェアに身を包みロードワークに出たのは二〇一七年のことだ。同行者の歩数計で一万五〇〇〇歩。歩幅が小さい袴田は、三万歩近くになると思われる。それは、灼熱の太陽の下でも、極寒の日でも変わることはない。行きつけの店に立ち寄り、好物のラーメンを楽しむようにもなった。

その間、歩幅は小さくとも、少しずつ無罪に向かって前進してきた。再審公判が始まったばかりの二〇二三年、ひで子に聞いたことがある。再審が始まるまでのあまりにも長い時間のことを。

「そりゃあ、五〇年を超えているんだもの、長いよ。でもね、不思議なことに再審が始まるまでの直前の半年のほうが長く感じました」

再審が始まる日が、無罪判決を受ける日が、それだけ待ち遠しかったということか。

拘置所に収監されて一六年が経過した頃、今後も続くであろう長い闘いを予想してなのか、ひたむきに身体を鍛えていた袴田。それは体力の低下を防ぎ、困難なこの闘いの中で必ず勝利をもぎ取ろうとする強い意思表明のように見えてくる。釈放されてからもそれは変わらなかった。連日、八時間超歩き続けた。

袴田は、なぜ歩き続けたのか。拘置所に収監されていたころから狭い独居房の中を歩き回っており、その名残りだという見方がある。雪冤を果たすための闘いを続けているのだ、という人もいる。一九八二年七月三日、袴田がひで子にあてた次の手紙の中に、その謎を紐解くヒントが隠されている。

〈獄窓に寄ると南の上空にお月さんが橙色の光を放っていた。久しぶりに見るお月さんに私は言い得ぬ四六歳の憤りといまにみてろ出ていってやるから、という正義の気魄の躍動を両足で支え、希望を見て笑った筈なのに、いつしかお月さんぼんやりぼやけて目に映る。涙なんか今は無用なんだ。私は自分の肉体に怒りを覚える。私の肉体はどこまで正しいのか。迷路に立たされた時こそ足下を見、周囲を見極めて具体的に解いていかなければならないのだ。そう努力すれば必ず新しい勝利の視点が私にも与えられるに間違いないのである。私が生きるとは権力の犯罪を粉砕することです。共に闘うとは共に生きるとは、苦しみ悩み、汗し、重荷を負って高く遠い坂道を登っていくことです〉

怒りがのたうち回っているようである。

袴田が歩くことは、生きることは、どんな艱難辛苦に見舞われても決して諦めることなく、坂を登って高みを目指し、権力犯罪の闇を暴き、真実を明らかにする闘いであるように思われる。そしていま、長い階段を登りきる寸前までたどり着いた。

神の領域から私たち人間の世界へ

浜松の街を歩く理由を袴田に聞いたことがある。その答えは概ね次のような内容だった。

「袴田巖が浜松の街を歩いて、だんだんと菌（＝悪）がいなくなったんだね。菌がいたんじゃ、しょうがねえっていうこと。それでも見回りを続けないと（菌が）出てきてしまうんで、神である袴田巖がいつも見回っているんだ。歩いていると年が若くなっていくのがわかる。どんどん元気になって、街は平和になっていくんだね」

無実であることは多くの人が感じているだけに、釈放後の一〇年を加えた五八年という歳月にひどくやりきれない思いが残る。権力がどんなに袴田を極悪人に仕立て上げ悲哀を舐めさせようと、ありたけの勇気をかき集めた袴田の心の自由までは奪うことができなかったことを示している。敗北感も疲労感もない。堅牢な思考は、ときとして権力をも打ち破ってしまうことがある。

袴田が現在、再審の結果よりも大きな関心を寄せているのは、支援者から贈られた二匹の愛猫だ。毎日愛情を注ぎ、慈しむように餌の心配をする。子どもの頃は犬を飼い、順と名付けていた。

思えば、袴田事件の取材を開始したのは二〇〇六年のことだった。当時、輪島功一らを中心にボクシング界の支援が盛り上がっていた。もう一八年になる長い旅になった。それまでの取材の中でも、「こんな酷い事件があるんだ」と驚いたことをはっきりと覚えている。そのころひで子は現在の自宅ではなく、勤務先の社宅に住んでいた。笑うことはなく、表情は落ち込んでいるように見えた。二〇一四年に釈放された袴田と同居するようになると、見違えるような表情に変わった。破顔一笑。同じ屋根の下に、手の届く範囲に弟がいる。そのことに安心しているように見えた。

その後、袴田の拘禁症が解けたら、事件のこと、獄中のこと、死刑のことなどを聞いてみたいと浜松に通い詰めた。勢いあまって浜松に部屋を借り、二年間暮らして毎日袴田家へ顔を出した。しかし、拘禁症は解けることはなく、日によっては悪化しているのではないかと思えることもあった。体は娑婆にあったものの、心ここにあらずという状況が続いている。裁判所の認定も含めて、司法はなんという野蛮な行為をしたのか。「強い袴田巖」「最高裁にも負けなかった袴田巖」という信念の表現が、この一〇年あまりのあいだに何度も本人の口から出た。これもまた、悪魔たちがどんなに醜悪な恫喝をくり返し、毒を盛ろうとも「袴田巖は必ず立ち上がり、負けることはない」という明確な意思表示である。

人生の大半を悪魔とともに過ごしてきた袴田巖に、ようやく平穏な日々が戻りつつある。そのとき検察官や裁判官は、どんな言葉を袴田に投げかけるのだろうか。過ちを認めるのだろうか。一つだけ確かなことは、どんな言葉を以てしても袴田の人生の大半は戻らないということだ。

半世紀のうちに、世相は変わった。しかし、袴田の言葉と意思に秘められた強固な思いは、囚われの身になって五十有余年経っても色あせることがない。では、この五〇年で人々の心はどう変わったのであろうか。どこかで箍《たが》が外れ、大きく歪んだような、居心地がよくない現代だからこそ、袴田の言葉と行動を希望というフィルターを通して噛みしめる必要があるのではないだろうか。

二〇二三年一〇月から始まった再審公判は一五回の審理を終え、あとは二〇二四年九月二六日の再審判決言い渡しを待つばかりとなった。いまも時おり訪れる記者たちが「もうすぐ判決ですね」などと問う。すると袴田は、

「再審なんかもうとっくに終わったんだ。そもそも袴田巖を犯人だとする事件なんか最初からないんだ。変なことばかり言うのなら帰ってくれ」

とにべもない。現在の生活に何の不自由もない、そんなことを言われるのは心外だ、といった様子だ。事件発生から五八年が過ぎても、袴田は、体の奥底から「無実」の炎を打ち出しているのだ。力の弱い袴田やひで子でも多くの市民の力が加われば、強者である権力に立ち向かい真実に近づくことができる。

再審開始決定を受けて釈放され、一度は四七階段の先にある自宅のドアにたどり着いたはずだった。しかし再審開始決定が取り消され、それでも自由を獲得しようとする息吹を止めようとはしなかった。権力の嘘と横暴さを暴いてきた。自由はここにあると、希望の灯を掲げてきた。一〇年をかけて再度、最後の一段まで袴田は登ってきたのだ。

あと一歩。そしていま、一つ屋根の下、姉と弟は静かに暮らしている。神の領域に達している袴田は、無罪判決によって、私たち人間の世界に戻ってくるであろうか。

本書は月刊『世界』二〇一七年一月号から二〇一八年一二月号に連載された「神を捨て、神になった男　確定死刑囚・袴田巖」に大幅加筆して編集し、また「第二〇章再審法廷」は『サンデー毎日』への著者寄稿のレポートを元に構成したものです。

なお、本文および年表中に登場した方々の敬称・肩書を省略させていただきました。

袴田巖に関する年表

一九三六年	三月一〇日	静岡県濱名郡雄踏町で生まれる（6人兄弟の末っ子）
一九五一年	三月三一日	赤佐村立赤佐中学校卒業。浜松市内で働く
一九五七年	一〇月二五日	第12回国体ボクシング競技に出場、静岡県3位入賞に貢献
一九五九年	一一月　六日	プロボクサーとしてデビュー、4ラウンド判定勝ち
一九六〇年	七月二一日	「チャンピオンスカウト」フェザー級で優勝。この年、年間最多記録となる19試合を戦う
一九六一年	四月一九日	フィリピン・マニラに遠征、マーシング・デーヴィッドと対戦10ラウンド判定で敗れる
		その後、体調不良のため引退。最高位は日本フェザー級6位。通算29戦16勝（1KO）10敗3分
一九六六年	六月三〇日	静岡県清水市で、味噌製造会社専務宅が放火され、焼け跡から一家4人の他殺体発見。8万5千円あまりが奪われる
	七月　四日	静岡県警が同社従業員寮の袴田自室から事件当夜に着ていたパジャマなどを押収。重要参考人として深夜まで事情聴取される。この日の夕刊は「血染めのパジャマ発見」等と報道

	七月一二日	富士急行バス国鉄吉原駅行のバス内で、8万円入りの財布と礼状発見
	八月一八日	事件から49日目、袴田巖逮捕（当時30歳）。容疑を否認するが以降、連日平均12時間、最長で16時間の取調べが続く
	九月　六日	勾留期限3日前、犯行を「自白」
	九月　九日	強盗殺人、放火、住居侵入の罪で静岡地裁に起訴
	一一月一五日	第1回公判、「私はやっていません」と全面否認
一九六七年	八月三一日	会社の味噌タンクの底から、被害者の血痕が付着したとされる犯行着衣「5点の衣類」発見。袴田は「真犯人が動き出した証拠」と勝利を確信
	九月一二日	静岡県警捜査員が実家を再捜索、以前は発見できなかった「5点の衣類」のズボンの共布を見つける
	九月一三日	前々日に急遽決まった公判で検察側は、冒頭陳述の犯行着衣をパジャマから「5点の衣類」に異例の変更
一九六八年	九月一一日	静岡地裁が死刑判決（石見勝四裁判長）
	一一月一七日	母・とも死去、享年68
一九六九年	四月一一日	父・庄市死去、享年69

袴田巖に関する年表

一九七一年	一一月二〇日	控訴審での「5点の衣類」装着実験で、犯行着衣とされるズボンは小さすぎて穿けず。その後、2度の実験でも同様の結果に
一九七六年	五月一八日	東京高裁（横川敏雄裁判長）が控訴棄却
一九八〇年	一一月一九日	最高裁（宮崎梧一裁判長）が上告棄却。死刑が確定（一二月一二日）
一九八一年	四月二〇日	静岡地裁に第1次再審請求
	一一月一三日	日弁連が「袴田事件委員会」を設置、再審支援を開始
一九九一年	三月一一日	日本プロボクシング協会の原田政彦会長が再審開始支援を表明
一九九四年	八月　九日	静岡地裁が再審請求を棄却、東京高裁へ即時抗告
二〇〇四年	八月二六日	東京高裁が即時抗告を棄却、最高裁へ特別抗告
二〇〇六年	五月	東日本ボクシング協会の輪島功一会長が「袴田巖再審支援委員会」を設立
二〇〇七年	三月　九日	一審で死刑判決文を書いた熊本典道元裁判官が「無罪の心証を抱いていたが合議に1対2で敗れ、心にもない判決を書いた」と告白
二〇〇八年	三月二四日	最高裁第2小法廷が特別抗告を棄却
	四月二五日	静岡地裁へ第2次再審請求

二〇一〇年	四月二二日	袴田巖死刑囚救援議員連盟設立
	九月一三日	弁護側が求めていた「5点の衣類」発見時の写真など、46点の証拠を、三者協議で検察が初めて開示
二〇一一年	三月一〇日	「世界で最も長く収監されている死刑囚」としてギネスブックに登録
	八月二三日	静岡地裁、「5点の衣類」のDNA型鑑定実施を決定
	一二月　五日	静岡地裁、静岡地検に対し弁護団が求めていた全証拠の開示を勧告
二〇一二年	四月一三日	「5点の衣類」白半袖シャツ右肩の血痕と袴田本人のDNA型を鑑定した結果、弁護側と検察側双方の鑑定人とも「一致しない」
二〇一三年	七月二六日	静岡地検、弁護団が求めていた証拠１３０点を任意で開示。以降、開示された証拠は計６００点
	一二月　二日	静岡地裁の村山浩昭裁判長、意見聴取のため東京拘置所へ
	一二月一六日	姉・ひで子が静岡地裁で意見陳述
二〇一四年	三月二七日	静岡地裁が再審開始決定、48年ぶりに釈放される
	三月二八日	都内の病院に入院。国民健康保険に加入

		事件当時、祖父母宅にいて無事だった被害者一家の長女（67）が、自宅で死亡しているのが発見される
	三月三一日	検察側が即時抗告
	四月　六日	ＷＢＣ（世界ボクシング評議会）が名誉チャンピオンベルトを授与。入院中のため代理でひで子が受け取る
	四月一四日	日弁連の報告集会に参加、釈放後初めて公の場に登場
	五月一九日	「ボクシングの日」イベントで、52年ぶりに後楽園ホールのリングに上がる
	五月二七日	48年ぶりに帰郷。浜松市の病院に転院
	六月三〇日	事件があった旧清水市を48年ぶりに訪問。浜松市のひで子宅に宿泊
	七月　一日	浜松市の病院を退院、ひで子と浜松市で暮らす。住民票を静岡市から浜松市へ異動
	八月二八日	自宅で倒れ緊急入院。肺炎のほか心筋梗塞、狭心症などの疑い。九月二九日に退院
	九月一〇日	検察側が「ない」としてきた「5点の衣類」のカラーネガ93点を開示

二〇一五年	一〇月二六日	狭山事件の石川一雄と足利事件冤罪の菅家利和が自宅を訪問
	一二月二〇日	多田謡子反権力人権賞受賞
	一月　一日	自宅近くの五社神社に初詣
	一月　二日	ひで子に断りなく初めてひとりで外出（近くの神社周辺を散策）
	一月三〇日	それまで「ない」とされてきた取調べ録音テープ46時間分が「県警倉庫から偶然見つかり」検察から開示された。弁護士との接見が盗聴されるなど、違法捜査の様子が録音されていた
	三月　五日	後楽園ホールの「袴田シート」で、釈放後初のボクシング観戦
	五月　三日	ひとりで2度目の外出（浜松駅で買い物）。以降、ひとりで街歩きに出るようになる
	六月二九日	免田事件の免田栄と対面
	八月一五日	歌手の加藤登紀子と対面
	九月一三日	島田事件の赤堀政夫と対面
	一二月　七日	東京高裁、再審開始の根拠となったDNA鑑定の検証実験を決定
二〇一六年	六月三〇日	袴田事件発生から50年が経過

二〇一七年	九月一一日	浜松市内をひとりで散策中、道に迷い警察が保護。パトカーで帰宅
	一月二九日	1年8カ月ぶりに浜松を離れ、清水での支援集会に参加
	四月　五日	トレーニングウェアに身を包み、ロードワークを始める
	五月一一日	日本将棋連盟からアマ初段の免状授与（神谷広志八段、井上慶太九段）
	七月一三日	散策中に石段から転落し救急搬送。頭と顔を打撲、翌日まで入院。以降、外出時には支援者が同行
二〇一八年	一月　九日	一審の法廷以来50年ぶりに、死刑の判決文を書いた熊本典道元裁判官と福岡市で対面
	一月一九日	弁護側と検察側が最終意見書を東京高裁に提出、審理終結
	五月一八日	早期解決を求める「袴田巖さんの壁」を静岡市に設置。「幸せの花」と壁に記す
	六月一一日	東京高裁（大島隆明裁判長）、「再審開始決定」を取り消す
	六月一八日	弁護団、最高裁に特別抗告
	八月三一日	旧清水市を訪れ、かつて経営したバー「暖流」と「太陽」があった場所などを訪問

二〇一九年	一一月二五日	ローマ教皇フランシスコのミサに参列（東京ドーム）
二〇二〇年	一月一五日	弁護団、刑の執行免除を求め法務省に特別基準恩赦を出願
	五月 一日	マンガ『デコちゃんが行く』（静岡新聞社）刊行
	八月一八日	クラウドファンディング開始（1800万円集まる）
	一一月一一日	熊本典道元裁判官、福岡市内の病院で死去
	一二月二二日	最高裁が再審請求について「審理不尽」として審理を東京高裁へ差し戻し決定
二〇二三年	三月一三日	東京高裁が再審開始を決定、検察は特別抗告を断念
	一〇月二七日	静岡地裁で再審初公判
二〇二四年	一月 七日	弁護団長の西嶋勝彦弁護士死去
	五月二二日	検察側が死刑を求刑して結審。判決は九月二六日を予定

主要参考文献

『再審制度ってなんだ？　袴田事件から学ぶ』村山浩昭、葛野尋之編　岩波書店
『袴田事件の謎　取調べ録音テープが語る事実』浜田寿美男　岩波書店
『冤罪はいつまで続くのか』矢澤昇治編著　花伝社
『袴田事件　これでも死刑なのか』小石勝朗　現代人文社
『はけないズボンで死刑判決　検証・袴田事件』袴田事件弁護団編　現代人文社
『袴田事件　裁かれるのは我なり』山平重樹　ちくま文庫
『完全版　袴田事件を裁いた男』尾形誠規　朝日新聞出版
『袴田事件・冤罪の構造』高杉晋吾　合同出版
『袴田事件　一家四人強盗殺人・放火事件の謎』山本徹美　悠思社

青柳雄介（あおやぎ ゆうすけ）
1962年東京都生まれ。雑誌記者を経てフリーのジャーナリスト。事件を中心に社会、福祉、司法などの分野を取材、『サンデー毎日』『AERA』ほかの週刊誌や『PRESIDENT Online』『日刊SPA!』などのwebメディアに寄稿。袴田事件は2006年から取材を始め、'14年に袴田巖さんが48年ぶりに釈放されたのち、翌'15年から2年ほどは浜松に居を移して密着取材。以降、月刊『世界』で「神を捨て、神になった男　確定死刑囚・袴田巖」を長期連載するなどライフワークとする。'22年、脳梗塞に倒れるもリハビリ後に復帰、その体験などを『サンデー毎日』で連載している。

文春新書

1453

袴田事件《はかまだじけん》　神《かみ》になるしかなかった男《おとこ》の58年《ねん》

2024年8月20日　第1刷発行

著　者　青柳雄介
発行者　大松芳男
発行所　株式会社 文藝春秋
〒102-8008　東京都千代田区紀尾井町3-23
電話（03）3265-1211（代表）

印刷所　理想社
付物印刷　大日本印刷
製本所　加藤製本

定価はカバーに表示してあります。
万一、落丁・乱丁の場合は小社製作部宛お送り下さい。
送料小社負担でお取替え致します。

ISBN978-4-16-661453-0